先生大好き!

小学1年生に効く!“キュートな指導”の法則

～小学1年の担任になったら読む本～

笠井美香 著

学芸みらい社
GAKUGEI MIRAISHA

まえがき——あっと驚く10秒発信！　向山ネタ

笠井　美香

入学した次の日、「先生にお手紙を書いてね」と言うと、絵しか描けなかった子どもが、三月には、長い長い文章が書けるようになります。一年生のこの一年間は、初めてのことだらけで、不安な気持ちになることが多いのですが、先生の一言や先生の工夫したやり方で明るく楽しく取り組めるものへと変わります。

学校では、研究授業が行われますが、初めて赴任した学校で、二年生の「便利なものスリーヒントクイズをつくる」という二年生の国語の授業を見ました。最初に、先生が、「書く技三つ（くわしく書く・比べて書く・理由を書く）を使って作文しよう」と説明されました。子どもたちはとても素直に書く技を言ったり、教科書を音読したりしていました。その後、先生が「はい、では、書きましょう」と言って、個人の作業にうつった時、子どもはなかなか書けなかったのです。「書く技」も教え、子どももちゃんと言えたのに、鉛筆が止まったままだったのです。私は、「なぜなんだろう」と思い、その様子だけを、TOSS—SNSで、報告したのです。それに対し、すぐさま、コメントがつきました。誰だろう？　何て書いてあるのかな？　と開いてみると、向山洋一先生のコメントがそこにありました。ダイアリーをアップしてから、たったの一

○秒で考えられたコメントでした。

筆箱から鉛筆一本とって、その鉛筆について出来るだけ長く文を書きなさい。
もう一本とって、比べて書きなさい。同じことと違うこと、同じことを分けてね。
次に鉛筆と消しゴムを比べて書きなさい。
鉛筆と鉛筆、鉛筆と消しゴムでは書くことが違ってきます。どこが違うのでしょう。

次の日、学校に行って、私が担任しているクラスでそのコメントどおりに発問し指示すると、子どもたちはスラスラ書きました。向山先生の発問にそって、一つ一つ文を書かせるたびに、作文が知的になりました。この日、くしくも研究授業をしたクラスの補教（先生が出張でいないため、そのクラスに授業のない先生が見に行くこと）がありました。

最初の発問「筆箱から鉛筆一本とって、その鉛筆について出来るだけ長く文を書きなさい」では、どの子もまじまじと鉛筆を見ていました。「見たまま書けばいいからね」と言うと、「わたしのえんぴつは、みどりいろです」と「色」の表現ができ、「わたしのえんぴつは、ながいです」と「長さ」の表現があり、「そして、ハートのかたちがかかれています」と「模様」についても表すことができていました。「おかあさんがかってくれました」と「見えないもの（手に入るに至った経緯、どれだけ大事にしているかなど）」も表している子がいました。

次の発問「もう一本とって、比べて書きなさい。同じことと違うこと、同じことを分けてね」では、一つ目の発問で出した「色」「形」「模様」「手に入れるに至った経緯」などの視点から、比べることができていました。

三番目の発問「次に鉛筆と消しゴムを比べて書きなさい」では、「鉛筆」と「消しゴム」という異質なものを比べるため、自分の中のものさしを必死で探し、それを比べる視点として文を書いていました。一番多かったのは、同じなのは、「文房具」だということ、違うのは、「肌触り」を視点に書いていました。

最後の発問「鉛筆と鉛筆、鉛筆と消しゴムでは書くことが違ってきます。どこが違うのでしょう」では、「見て（観察）比べる」ことから、「読んで比べる」ことにすっと切り替わる子と自分が書いての感想を書く子がいました。

兎にも角にも、この四つの発問で、「書く技」を上手に使って作文ができました。そうなのです。最初の問いで子どもたちは、自分の鉛筆について「くわしく」書けました。次の問いで、まずは、同じ種類のもの、次に違う種類のものを「比べて」書くことができました。二つの文章は、明らかに「比べる」ものに違いが見られました。その二つの違いを書くのが最後の発問なのですが、やはり、ここで、少し、子どもたちの見方の違いをみることができました。違いを説明するときに、自分なりの「理由」が書かれていました。

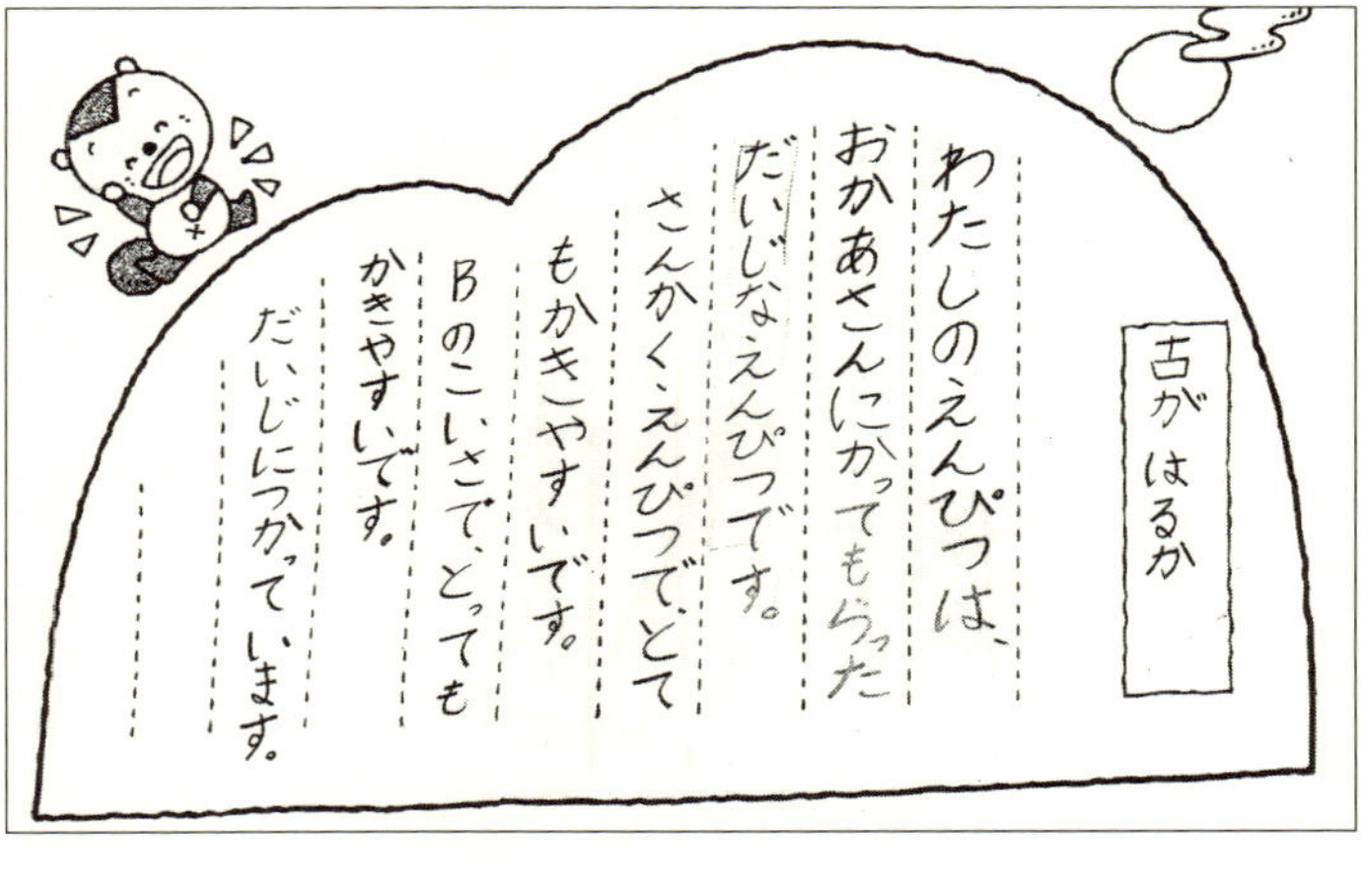
古が はるか
わたしのえんぴつは、
おかあさんにかってもらった
だいじなえんぴつです。
さんかくえんぴつで、とて
もかきやすいです。
Bのこいさで、とっても
かきやすいです。
だいじにつかっています。

□　わたしのえんぴつは、みずいろです。わたしのすきないろが、みずいろなので、とてもおきにいりです。わたしの2本めのえんぴつは、ぴんくとあかいろです。いろちがいだけなので、あまりちがいがないけど、ながさがちがいます。わたしのケシゴムと、えんぴつのちがいは、大きさや、できているものがちがいます。おなじところは、なまえをかくところのいろとべんきょう

ちゅうにつかうことと、なまえをかくことです。わたしの、ぶんしょうのちがいは、いろや、かたちや、大きさのことがちがいます。おなじところは、ぜんぶべんきょうにつかうものです。

□わたしのえんぴつは、すうじがかいてあります。ひらがなではなく、えいごでかいてあります。ふたつのえんぴつは、いろがちがいます。ふたつのおんなじところは、きでできたところ。けしごむとえんぴつのちがうところは、木とごむがちがいます。けしごむとえんぴつのおなじところは、ぶんぼうぐだからです。えんぴつ二ほんとえんぴつとけしごむでは、けしごむとえんぴつのちがいです。えんぴつとえんぴつはおなじなかまなのです。

□わたしのえんぴつは、くまでふうせんとはたとりぼんとハートがあって、なにか上にほうせきがついてながくて木でできていて、色が12色あります。2つのえんぴつはもようがちがいます。おんぷがかいてあって、しんのいろはかわっていません。上はほうせきだったけど、おんぷのちがいがわかったよ。くまは、字がかいてないけど、おんぷにはじがかいてありました。ハムスターとプリンセスのちがいはわかりました。しんでもないし、木でもないしけせられない。ぶんがちがうしえがちがう、えんぴつとケシゴムは、えんぴつが3ぼんあるわけじゃあないからながさもちがうしふにゃふにゃしてないから。□

子どもを動かす発問指示で、子どもがみるみるできるようになっていく姿、できたことがうれしくて、全身で喜びを表現している姿を見ると、やってよかったという満足感とできるようになったという達成感でいっぱいになります。この本書ではそんな子どもができるようになった、笑顔になった指導を紹介しています。

Ⅱ 担任の笑顔が倍増！ 年間計画づくり

Ⅲ 小学一年のベーシック指導―どの子もチャーミングにする指導ヒント

プロローグ

序　教室大好き！　担任オーラが出る環境づくり

教室環境を整える

「すっきりしていて、勉強に集中できる教室」

「明るくて楽しくて、わくわくする教室」

この二つの条件を満たすような教室づくりをしてきました。

◎教室前面の壁～「すっきり」させる。ごちゃごちゃ貼らない。特に動くものは、NG。

動くもの、音のするものに注意を奪われる子が多いので、極力、風でくるくる動くもの、立体的なものは貼らないようにしました。学年目標など壁の中央に貼る場合も、落ち着いた色の台紙に言葉のみ書いたものを貼りました。

◎黒板～「すっきり」させる。ごちゃごちゃいろいろなものを、貼ったり書いたりしない。

右と左がわかるように、黒板の右側には、「みぎ」、左側には、「ひだり」と書いたカードを貼っていました。

ただし、二ヶ月後（六月頃）には、外しました。また、発表のルール（「はいっ、○○

です」と書いたカード）も、二ヶ月後には、外しました。

◎前面にある予定黒板〜授業中は、電子黒板などで隠す工夫をする。

次の予定が見えたり、好きな科目が見えたりすると、そこばかり見る子どもがいます。体育が好きな子は、「ああ、三時間目は体育かあ」などと予定黒板が見えるたび授業とは関係ないことを考える子どももいます。私も、一年生のとき、宿題の欄に書いてあった「プリント」を見るたびに、「プリン」を想像してしまい、食べたいなあと思ってしまう子どもでした。その間は、先生の話を聞いておらず、指示に従えないこともありました。

◎前面にあるガラス戸棚〜ガラス面に画用紙などを貼り、中が見えないように工夫する。

「見せるもの」「見せたいもの」は、わかりやすく見せる工夫をします。しかし、「見てしまったら困るもの」は、きっぱりと隠して、子どもの目に触れさせないようにしました。

◎学習したもの（ひらがな表など）や、係りや当番の表、学年便り〜教室の中央より、後ろの横壁に貼る。

教室の後ろの壁には、子どもの作品を貼りました。一年生では、誕生日列車で自分の顔写真を誕生月に貼ったり、自画像を描いて貼ったりしました。

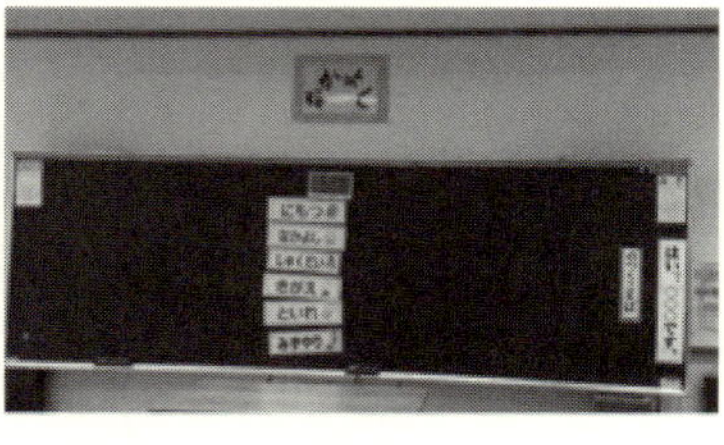

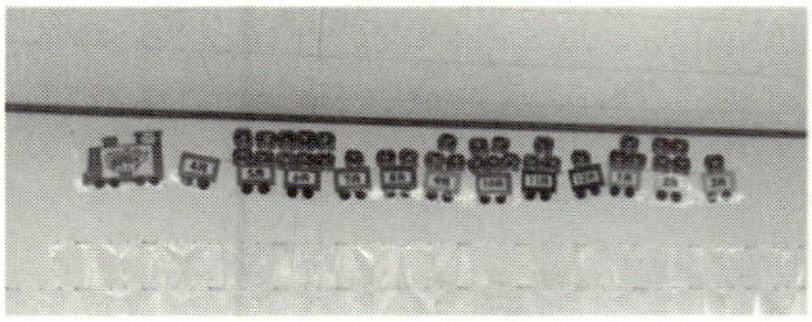

◎**時計盤を貼って、行動を促す。**

休憩の終わり時間や、作業の終わり時刻を示した時計盤を黒板に貼っておくと、子どもはそれを見て動くようになります。

教室環境を整えることは、子どもが活動するのを助けることになります。子どもが、一目見てわかって、「楽しくなる」ような掲示物や美しい掲示物を子どもは、じっと見ています。字は読めなくても、絵は、目に入ります。日本地図をじっと見て、県名を覚える子どももたくさんいます。貼るものを精選して、良い情報を子どもに与える工夫をするといいと思います。

生活目標など、学校で統一された目標も、壁に貼りますが、字を読まなくても、絵でわかるように文章通りのイラストを掲示物の中に入れるように心がけます。また、机の配置は、教卓を取り除き、先生が子どものそばに寄り添えるように机をアーチ型にします。アーチ型にすると、予定黒板などの黒板横の物が見えなくなり、先生や黒板を見ることができます。

また、教師が、大切な指示を出す場所を決めておいて、そこで、必ず指示を出すようにします。教師がその場に立ったら、静かにして、話を聞くという習慣ができたら、「静かにしなさい」などと言わなくても静かにできるようになります。先生が立ったとき、やはり、先生だけを見てしっかり話すことを聞いてほしいので、先生が立つ後ろには、いらないものが貼られておらず（「すっきり」）、先生が笑顔（「わくわく」）でいること、これが、最高の環境になると思います。

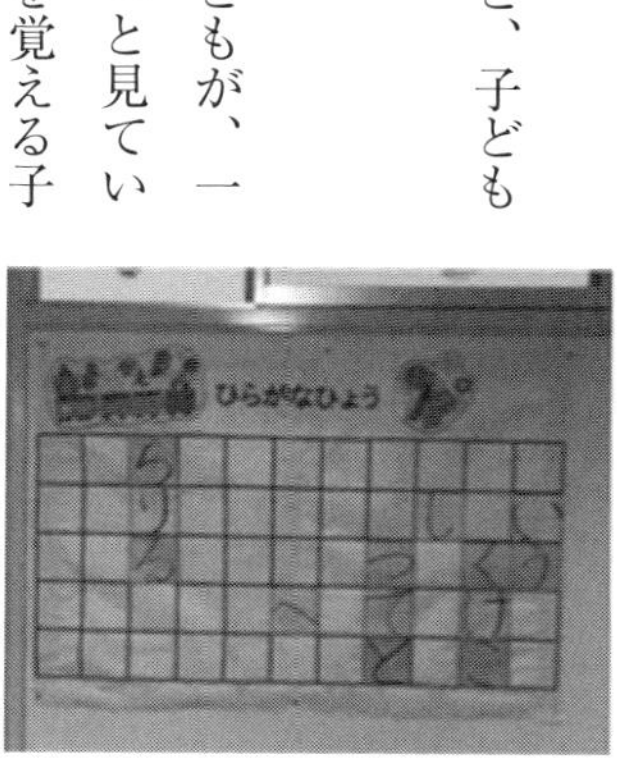

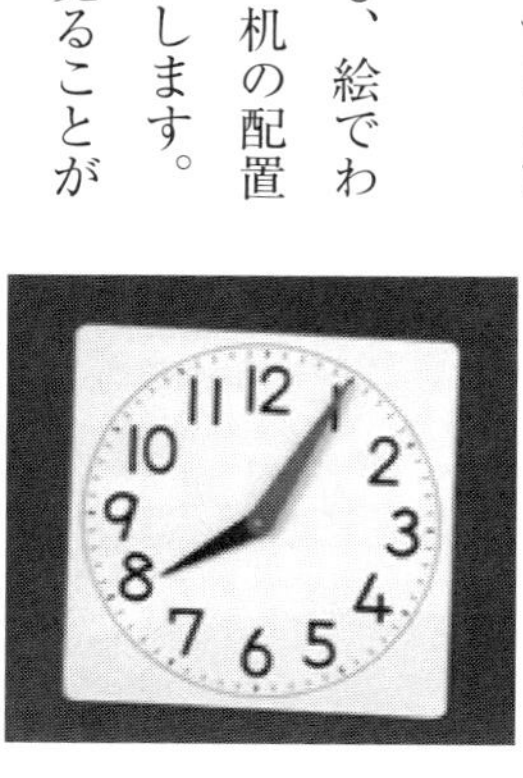

I 崩壊学級にも通用した〝キュート指導〟のヒミツ

♥リアル教室レポート＝大泣き体験からの出発

前年度、一年生で学級が荒れたクラスが二年生になった時の担任になりました。「黄金の三日間で立て直せる。なんとかなる」と思っていました。「『黄金の三日間は、子どもは天使』って言われているから、大丈夫」「また、かちゃこ姫とカチャゴンの話をするぞ！」と、のほほんと春休みを過ごしました（「かさい先生はいつもはお姫様のように（名前はかちゃこ姫）していますが、いけないことをすると怪獣（カチャゴン）のように叱りますよ」という話）。

事前に聞いていた「テレビアニメの『ＯＮＥ　ＰＩＥＣＥ』が好きだという言葉を信じ、登場人物のチョッパーを見よう見まねで黒板に大きく書いて、気を引こうと思っていました。「わーい！　うれしい」「すごい」と言ってくれると思っていました。今度の先生は、違うぞと思わせたかったのです。

しかし、教室のドアを開けると、そのチョッパーはグッチャグチャに消されていました。

第一声は、お姫様のように褒めようと思っていました。

「静かに待っているなんてえらいね」

そして、私は満面の笑みをたたえ、子どもたちを見ます。子どもたち

は、

「笠井先生、だーいすき。かちゃこ姫、バンザーイ」と言ってくれると本当に信じていました。

それなのに、一番最初に子どもにかけた言葉は、

「なんでーーー？　なんで消したのーーー？」

の怪獣カチャゴンの言葉でした。大声で叫んだ私の言葉にすぐさま反応したのは、Rちゃんです。大きな声で言い返されました。

「男のアニメだからだよ。なんで、男のアニメなんだよ。女を主人公にした絵を描かないから、消したんだよ。いつも、いつも男のアニメばっかり……。」

そのわがまま勝手な（と思い込んでいた）論理に唖然としました。「何を言っているんだ？　そんなことで黒板を消すとは、何事だ！」と思い、だんだん腹が立ってきました。今ではわかります。

> 見えるもの（男のアニメの登場人物「チョッパー」）に反応しただけ。見えないもの（これは先生が書いたものだから、勝手に消してはいけない）がわからないだけ。論理に乗ってはいけないこと。
> 言っていることをちょっと認め、同じ土俵で勝負しません。

そういう場合は、「だよね〜。ナミを書けばよかったなあ。でも、ひっどーい。消すのは無し無し。今度、女のアニメがなかったら、Rちゃん、書き足せばよかったのよぅ」です。

「だよね〜」と認めて、「消すのは無し無し」とちょっとよくなかったことを言って、

「書き足せばよかった」と妥協案をお客様をもてなすように笑顔で提案します。

（スマイルを増やすキュートな指導1）

でも、当時は余裕がありませんでした。次に出てきた言葉は、

「だからって、消すことはないでしょう！　ひどいじゃないの！」

という相手をなじる言葉でした。

1 「あなたにはついていけないわ」衝撃の一言

その子は、言い返されたことに怒りました。当然です。その子の論理を無視し、認めず、叱ったのですから。それから、衝撃的な一言を言います。

「あなたには、ついていけないわ。失礼しちゃう。」

そして、そっぽを向いてしまったのです。彼女は、「わがままなR姫」になったのです。やられました。それから、ずっと、女のアニメの主人公の良さを言い続け、私をなじっていました。

R姫が、わんわんうるさく言っているのを無視して、私は、最初の挨拶をしたのでした。とても虚しかったです。

さて、私（怪獣カチャゴン）とRちゃん（わがまま姫）のやりとりをジーーーッと見ていた五人の男の子（ガチャザウルスとワイワイティラノス）がいました。

ごそごそ動くのが大得意のFくん。

けんかっぱやいKくん。

体格が六年生くらいのHくん。

そして、忘れ物いっぱいのWくん。

いつも一言多く、誰とでもけんかになってしまうTくん。

この五人の子どもたちが、いろいろなことをやって、私に「さあ、この問題はどうする？」と、無理難題を出してきました。

私が、出会い一日目にとった行動は、全て受け入れてもらえませんでした。楽しいはずのゲームも、「あなたたちを賢くて良い子にします」の所信表明も、全て虚しい出来事となってしまいました。「かちゃこ姫」のくだりを言って湧く「叱る三原則」の話もできませんでした。なにせ、三原則を外したところで叱っているのですから。

家に帰る自動車の中で、大泣きしたことを今でも覚えていて、あの時の私に、

「大丈夫だよ」

「なんとかなったよ」

「いい子たちになったよ」

「今でも連絡してくる可愛い子たちだよ」

「私に憧れて先生になろうと頑張っている子もいるよ」と言ってあげたい思いでいっぱいです。

その日は、泣きながら悔しい思いをしながら、寝ました。


「あなたはよくやっているよ」「絶対、なんとかなる」と自分を労わります。落ち込んだときこそ、口角上げて、「○○さんならどうするかな？」と考え、「そんなことができるのは、私しかいない」と奮起します。

（自分の）スマイルを増やすキュートな指導２）

出会いの次の日、朝、職員室に入ると、教頭先生が私を呼び止め、「これ、読んでみて」と二冊の教育書を貸してくださいました。当時、注目された本だったと思います。「この本を先生が試してみて、よかったら、先生方に紹介するよ。ここに書いてあることやってみて」と言われました。その本（『通常学級の特別支援　今日からできる！　40の提案』『通常学級の特別支援　セカンドステージ　6つの提言と実践のアイデア50』）には、九十このやったらいいことが書いてあって、私は、その九十こ全てに付箋を貼り、一つ一つやっていったのです。

効果がなかったもの、やっても子どもたちが無反応、むしろ、ざわざわしたものは付箋をはがし、やってよかったものは、付箋を残すという仕分け作業をやりました。あまり、手応えを感じませんでしたが、毎日、毎日、一つ一つやっていきました。

家の部屋は、小さい頃からですが、本棚を背にして机を置いています。「何か調べたいときに椅子をくるっと回して辞書や辞典や百科事典を坐ったままで見ることができるでしょ」が母の持論だったのですが、一人暮らしをしたときも、自分の家を持ったときも自分の机の後ろが本棚という配置にしました。それがよかったのでしょう。なかなかうまくいかない四月の中ごろ、「あ〜あ、うまくいかないなあ」と独り言を言い、くるっと後ろを振り向いた私が、目にしたものが、向山洋一先生の『小学二年学級経営　大きな手と小さな手をつないで』（学芸みらい教育新書で復刊）だったのです。私は、それを勢いよく本棚から取り出し、貪るように読みました。その本は初めてではありません。何回か読んでいます。それなのに、一言一言がとても新鮮でした。私の悩んでいることがすべて書いてあるように思えました。目から鱗がボロボロ落ちました。衝撃的でした。実際、じっくり読んでいくと、私が悩んでいる答えが書いてありました。それからです。私が向山洋一先生の本を、雑誌論文を、毎日、毎日ひたすら読むようになったのは。

そして、私は、向山先生が書いておられること（当時は明治図書から出された『二年の授業・学級経営』）通りにやっていきました。

不思議なことに気づいたのは、その時です。向山洋一先生の授業の追試は、あの騒乱状態の子どもたちを熱中させました。全て大ヒットでした。ちょっと得意になって、向山先生の授業の追試ではなく、自分が今までやってきたことをやったら、誰かが、「わからん」と言いました。向山先生の授業の追試では、笑いが起こりましたが、長い説明をしないといけない授業は、飛び出したり、「おもしろくない！」と叫んだりする子がいました。

2　やっていることの〝理由〟を認めたら

それから、この子たちにどういう対応をすれば問題が解決していくのか、分かるようになりました。それは、やっていることには理由があり、それを「認める」と、落ち着いていくということです。そして、自分なりの考えたことを行動に移したり、やろうとしたら、すぐさま「褒める」と問題は解決しました。いや、問題が起きませんでした。

一人を褒めると、「褒めてほしい」が続出しました。

Rちゃんが言っていることをよく聞くと、道理がかなっているので、「そうだよねえ。分かる、分かる」と認めたり、「そういうことだったのか！　かしこいねえ」と褒めたりすると、Rちゃんは笑顔になり、素直になりました。Rちゃんもかんしゃくがなくなると、かわいらしいことを言ったり、したりする子です。だんだんかわいらしくなっていきました。

しかし、間違った対応をすれば、Rちゃんは、怪獣になり、「ワーオ」「ワーオ」と吠え叫びました。そしてさらに困った問題が起きるのでした。Wくんも「よくがんばったね」とできているところまで、褒め、「Wくんは、すごくがんばっている！」と認めるとウキウキしてどんどんいろんなことをやっていきました。けんかっぱやいKくんも、ゴソゴソするFくんも、そして、教室にいる優等生女子たちも、存在を認め、褒めると、笑顔が増えてきました。「よく我慢したね」「泣きたかったね」「つらかったね」「毎日毎日、やったんだね」「えらいよ」「すごいよ」「賢いよ」の言葉に子どもたちは、顔中の笑顔で答えてくれました。

「悲しかったね」「よくやったね」「いつもやっていたんだね」と認めたり
「そういうことだったのか！　かしこいね」と子どもの論理に感心して笑顔で褒めたりします。
（スマイルを増やすキュートな指導3）

さて、この子たちの全員の椅子が机の中に入った六月三十日から、子どもたちと私は、なんだかしっくりいくようになりました。さらに、五人の男の子とRちゃん、そして、クラスの子全員がかわいい子どもに変身していったのです。そう。七月になり、私は、やっと「叱る三原則」を堂々と言い、いつもは優しい「かちゃこ姫」だけど、いけないことをしたときには、強い怪獣「カチャゴン」になって叱りますよぉの話ができたのです。長かった、遠かった、つらかったけど、今思えば、その時の私の経験は貴重で、宝物です。

3　子どもに「叱る三原則」を伝えると！

「叱る三原則」①「いのち」を粗末にする時②「いじめ」をした時③何度言っても、態度を改めようとしない「いいかげん」な時には叱るという原則で、私は三つの「い」いのち、いじめ、いいかげんと言っています）をいうとき、キャラクターを出しながら、どうなるか（結果）を示しながら伝えます。私の場合は、いつもは優しい「かちゃこ姫」と怒ると恐い怪獣「カチャゴン」でイメージさせながら伝えます。

（スマイルを増やすキュートな指導4）

さて、私が担任した崩壊クラスは、最初っから崩れてはいませんでした。一年生の時の担任の先生が言われたこと、それは、「夏休み明けに、『あれ？』と思った」ということです。「あれ？」と気付かれたその先生はお力があったのだと思います。でも、その時の担任の先生は、「あれ？」と思ったことに対処していれば、こんなことにはならなかった」と言われました。その『あれ？』を、お腹に赤ちゃんができたせいにしました。気持ちが悪かったので、「体のせい」にしました。その先生は、なんとか、産休で休まれる日まで持ちこたえました。でも、担任が代わり、一気に崩れていったのです。その担任の先生は、一生懸命対応されました。

教室を飛び出すことは、平気でした。飛び出したFくんを担任は、連れ戻しに行きました。

けんかは毎日起きました。けんかっぱやいKくんと担任は、終わらないけんかをしました。

体格のいいHくんは、いつも一番をやりたがり、わがままな順番抜かしなのに、担任は、他の子どもに「ごめんね」と謝って、Hくんを一番にさせ、うるさく言い立てるのを止めていました。

毎日忘れ物をするWくん。あれがない、これがない。「先生、ないよう」の声に、担任が、他の子どもたちの迷惑になるからと世話をやきました。

一人一人の要望を次々に聞くことだけで、一時間の授業が終わりました。

気にいらないことがあると、キーキー奇声をあげるRちゃん。その奇声を、「うるさい」と先生は、本気で叱りました。

そんな中にいた、クラスの他の子どもたちは、一日をどうやって過ごしていたのでしょうか。やりたいこともできず、勉強も遅れ、静かに何もせず、過ごしていました。

先生が一人、授業をしているのに、六人は、うろうろうろうろ教室を歩き回っていました。「わからん」と一人が言ったら、残りの五人はついて言い、「わからん」コールが起きていました。三十二人クラスのたったの六人。残りの子どもたちは、健気に先生の言うことを聞いて、授業を受けていました。

彼らが、二年生になった時、私が担任になりました。出会いの日、私の心に一番強く残ったのは、黒板を消されたことではなく、大休憩をしたら、ほとんどの子が教室に帰って来なかったことでもなく、楽しいゲームが、全く面白くないゲームに変わったことでもありませんでした。一番心の奥底にしみついてはなれなかったのは、おとなしく坐っている女の子や男の子たちの顔でした。

「なら」の「しか」でいきます。「中庭には」にげませんと態度と言葉と行動で示します。

「なら」…私ならできる。「しか」…私しかできない。――私なんか、私にはできない（なんかには↓なんかにわ↓なかにわ（中庭））

（スマイルを増やすキュートな指導5）

みんな、みんな、能面のように表情がありませんでした。何を言っても反応しない、笑顔がない子どもたちでした。この子たちは、六人の陰にかくれて、褒められもせず、叱られることなく、淡々と教室にいたのでした。

その子たちの遠足の時の笑顔の写真を見て、私は、胸が痛みました。

この子たちを笑顔にしたい。この子たちこそ、笑わせたい。そう思いました。楽しく、楽しくしたい、間違った対応をなくしたいと思いました。そして、一年生でやらなければならなかったことを、この子たちと一緒にやっていったのです。

4　目を合わせる―笑顔で握手！

澤口俊之・片岡直樹・金子保『発達障害を予防する子どもの育て方』（メタモル出版）には以下のような文章があります。

> 生後1～2カ月ごろになると、子どもと目が合うようになります。このとき、ジッと見つめるだけではなく、「かわいいね～」「いい子だね～」と話しかけたり、「いないいないばぁ」とあやしたり、「うん、うん」とうなずいたり、声と動作で応えてあげてください。
>
> 乳児は本能的に視線を合わせてきます。これに合わせて大人たちもやさしい目で見返し、あやしたり、話しかけたりするのがよいようです。
>
> 授乳のとき、おむつを替えるとき、寝かせるとき、お風呂に入れるとき…いつでもです。そして、「おいしいですか～」「いっぱい飲んでね～」「気持ちいいですか～」「きれいになったね～」などとやさしく言葉をかけながらあやしてください。
>
> ただし、「目が合ったらあやす」のではなく、「目を合わせてあやす」ことです。授乳（食事）にしてもおむつ替えにしても、子どもの目を見ながら行いましょう。携帯でメールをしながら、テレビを見ながらはもってのほかです。

子どもは、乳児の頃から、本能的に目を合わせてきます。目を合わせられないのは、大人の方です。子どもは見ています。そのときの大人の反応がとても大切なのだということが分かります。「目が合ったらあやす」ではなく、

「目を合わせてあやす」ことがとても重要です。「笑顔をする」というのは、「あやす」の一つの行為だと考えます。

私は、小さい頃、人と目が合うと、恥ずかしくて、目をそらせていました。大学生になって、まなちゃんというクラスメイトと目が合った時、まなちゃんは私を見て微笑んだのです。これには驚きましたし、でも、とてもうれしかったです。目を合わせて微笑む、たった一秒か二秒の出来事だけど、幸せな気持ちになりました。おそらく、乳児があやされたときのような幸せな気持ちを感じたのではないかと思います。私が目を合わせる時は、「やってるかな？」「できている？」「わかってる？」と尋ねる。真剣な時だったような気がします。

子どもたちを笑顔にしたい。そうして、幸せにしたいと思っています。子どもは、先生である私を見ています。だからこそ、いつも笑顔でいたいな、目を合わせて、こちらから微笑みたいなと思います。それは、乳児をあやす行為であり、おそらく、見つめて微笑むこと「愛」をあたえているのではないかなと思うからです。

子どもが私と目を合わそうとした時、私を見た時、それが、一瞬であろうと、笑顔でいる。

（スマイルを増やすキュートな指導6）

一年生の子どもたちとの一番、最初の出会いは、必ず、「笑顔で、握手」をすると決めています。初めての先生がいる、初めての教室に、緊張して入って来た子どもの

一　目の前に手を出し、（その時、手が出るかどうかをみる）

二　その子が手を出したら、その手をとり（手が出なかったら、無理やり手を握ります）

三　そして、握り具合を確認します。（弱い・同じくらいで握り返す・強い）

四　握手をしながら、その子と目を合わせます。（その時、目が合うか見ます）

五　そして、にっこりとびっきりの笑顔をします。

この五つの行為を必ずやります。私が手を出して手が出る子には、二つのパターンがあります。

「この手は握手をしようとしている手だ」と知っていて自分も握手をするために手を出す子です。これは、すごいことです。クラスを引っ張っていく子になるでしょう。

手を出す子のもう一パターンは、握手のことは知らないけれど、先生が出した手を握ろうと思った子です。先生の真似ができる子です。真似をすることは、すごいことです。「真似るは、学ぶ」です。学ぶ構えができているということです。右手を出したら、鏡のように、自分は、左手を出す子がいます。握手は、右手を出されたら、右手を出します。向き合っているので、左手が出るのも、不思議ではありません。ただ、握手をすることがわかっている子は、右手を出します。

手を出さない子は、頭の中で、チェックです。人と触れるのが嫌なのかもしれません。以前、その子が手を出したことで、嫌な体験をしたのかもしれません。自分の常識（あたりまえ）と違う行為をした時は、「失礼ね」とか「○ちゃんは礼儀を知らない」とレッテルを貼るのではなく、こうするんだよと、言語聴覚士の永井智樹先生に教えられました。

「あれ？　どうして？」→「こうかもしれない」→「だとしたら、こうしたらいいのかも」→やってみる→振り返る→検証し、「どうして？」と繰り返す。これが大切です。この「なぜ？　どうして？」「こうかもしれない」「こうしたらいいのかも」を考えようとしないで、答えだけ知りたい先生もいます。

笠井先生は、「なぜ？」「こうかもしれない」「だったら、こうしてみよう」「ちょっと調べてみよう」「よし、自分だったら、こうしてみよう」と指導する、実践する、振り返るの一連の流れができています。

だから、手が出なくても、笑顔で次の行動に移ります。

握手の手を出さなくても、私が無理やり手を握ると握ってくる子がいます。振り払う子には、しつこく握手はしません。永井先生の言われるように、よく考えて、後日やってみます。

手を出したら、まずは、しっかりとつかんで柔らかく上下に振ります。そのときの子どもは、弱々しく握る子、同じような力で握り返す子、ぎゅううっと握る子、いろいろなタイプがあります。手を上下に振ると、うれしがって、ブンブン振る子もいます。そんな子も、頭の中でチェックをします。

さらに、握手をしながら、目を合わせます。目を合わせても、目が合わない子、目を合わせると、プイってそっぽを向く子はどうしてそうなったのか、見ていきます。

なかなか、最初から、笑顔で握手をする子はいません。初めてを経験する子どもたちは、とても緊張しているようです。席にずっと坐って、じっと担任がすることを待っています。

一年生の教室に、全員がそろったら、一人ずつさっと見渡して、

「おはようございます。今日から、みなさんは、一年一組さんとなりました。

私が、みなさんの先生の笠井美香です。困ったことがあったら、なんでも言ってくださいね。どうぞよろしくお願いします」

と、笑顔で言うと、安心した顔をする子が少し増えます。言うときは、一人一人を一秒くらいじっと見つめながら話をします。

目を合わせ、笑顔で握手をしてみるといろいろなことが分かります。

（スマイルを増やすキュートな指導7）

5　笑顔は伝染し、プラス行動を増やす

教師が笑うと、子どもも笑います。

「人に伝染する強力な三つのもの」を教えてもらいました。

不機嫌
あくび
笑顔

この三つです。

先生が不機嫌だと子どもは、負の感情を抱くと思います。私が、お腹が痛く、気持ちが乗らず、黙っていると、わいわい騒いでいた子どもたちも、だんだん喋らなくなり、暗くなります。お母さんが家で怒ったという話を、学校でよく聞きますが、先生が不機嫌だとおそらく子どもは、

「今日は、先生が、機嫌が悪くて全然、面白くなかった」

と家で言っていることでしょう。

あくびは、見ているだけで、出てしまいます。テレビであくびをしている人を見た途端、あくびが出る人もいるでしょう。ですから、あくびはうつるのです。

先生が、笑顔だと子どもも機嫌がよくなり、笑顔になります。叱っていても、笑顔だと、子どもたちも、なぜか、ぽろぽろ、やったことを隠さず、正直に言うことが多いです。おそらく、先生が笑うと、子どもは安心するの

だと思います。

子どもが意見を発表する時、先生を見ています。ある時、そのことに気づき、子どもが発表をするとき、一番後ろに行くと、どの子もきちんと前を向いて発表したので驚きました。発表中に、私が動けば、目線も動くのです。「先生じゃなくて、みんなを見て発表するのよ」と言っただけでは、なかなか変わりません。私が動くと、子どもも変わります。

先生を見る、その瞬間、先生の顔が、笑顔じゃなかったら、どうでしょう。怒っている顔だったら、子どもは緊張して、声が小さくなります。

先生が、笑顔だったら、どんなに誇らしく発表をし終え、席に腰掛けることでしょう。先生が、笑顔だったら、「できた」「やった」という満足感いっぱいで子どもは、坐ります。

私は、笑顔を勉強するうちに、「スマイルトレーナー」という資格を取ることができることを知りました。そして、一日研修を受け資格をとりました。その先生が、テレビにもよく出ている重田みゆき先生です。その先生の言葉です。

> 「明るいから笑うというより、笑うから明るくなれます」
> 「幸せだから笑うのではない、笑うから幸せになれるのだ」

笑顔には、「不安を吹き飛ばしてくれる力」があるのではないかと思います。

逆に、「あ、失敗した！」っていう時も、子どもは教師を見ます。

その時こそ、先生が、笑顔でいると、子どもは、「リトライ！」をします。

がっかりした顔、「何やってんの！」「ダメでしょ！」の責める顔ではなく、笑顔で「大丈夫よ」の一言で、「もう一度やってみよう」、「もっとがんばってみよう」の力がむくむく湧いてくると思います。

どんな時も、先生が笑顔で見守っていることが大切だと思います。

私も教室では、しっかり笑顔で、「大丈夫よ～」の気持ちでいようと思います。ただ、期待が大きい時は、つい、顔にまで力が入り、真剣になって、怖い顔になるので、用心しています。

つまり、子どもが私を見た時、笑顔でいるかどうかが、とても重要で、笑顔であれば、子どもも安心して、笑顔になり、次の行動に移れます。

笑顔は、最高のプレゼントです。大学生のときのまなちゃんの笑顔をいつも思い出して、そのまなちゃんの最高の笑顔になりますようにと願って笑顔にします。

笑顔でいい気持ちにさせた時、「笑顔」プラス「ポーズ」でどんどんポーズだけにしていくと、そのポーズを見るたびにモチベーションが上がっていく方法があります。「アンカリング」と言います。「アンカー」は錨。心に錨をおろし、そこのスイッチを押せば、いい気持ちになっていくというものです。「パブロフの犬」状態でしょうか。でも、これはいいことに使えます。泣いている時、「ポーズ」を見ると泣き止む。顔は見えないけれど、ポーズが見えたらいい気持ちになり、やる気が起きるようになったという報告があります。その手法を使って、どんどん気持ちをあげていくといいです。

「笑顔」プラス「ポーズ」で笑顔にさせます。

（スマイルを増やすキュートな指導8）

6　子どもが笑顔になる秘訣3カ条

子どもが笑顔になるときはどんなときか、教室の子どもたちが笑っているときを手掛かりに、子どもを笑顔にさせようと行動してきました。まず、第一は、自分が言われて嬉しいことを友だちや教師に言われたときです。特に、次の言葉は、子どもたちが笑顔になり、今やっている行動の次の行動を促す言葉です。

「賢いね」「天才!」「かわいいね」「大好きだよ」を心して言います。

（スマイルを増やすキュートな指導9）

この短い言葉を力強く、さらっと言うと、子どもたちは喜びます。なぜなら、短ければ短いほど、子どもの耳に入り、脳にとめておくことができるからです。

ですから、これらの言葉を力強く、ときには、小声で、短く言うと、笑顔になります。

『プレジデントファミリー二〇一七年秋号』の特集「東大生一七三人アンケートで実証！　学力を伸ばすたった一つの親の習慣」。

自己肯定感が高い（=自分が好き。家族が好き。未来は明るいと思う）大学生で「親は自分の話をよく聞いてくれた」と証言する大学生の親は、「結果」を褒めるのではなく、子供の「能力」を褒めているそうだ。例えば、絵画コンクールで優秀賞を取った場合に、「賞を取ってすごいね」ではなく、「色彩感覚がすごいね」と褒めている。「結果」よりも自身が持っている「能力」を褒められることで、子供は自信を持ち、さらに「頑張るぞ！」というモチベーションを獲得していく。

このことからすると、極論ではありますが、やはり、「賢いね」「天才」は、自信につながり、それが、安心となって、笑顔になるのだと思います。また、「あなたならできると思った」「さすが！」は嬉しい言葉となって子どもに響くようです。子どもたちに聞いたら、「認めてくれているようでうれしい」と言っていました。

さらに、存在自体を認める言葉「いてくれてよかった」「（どんなあなたも）大好きだよ」「ありがとう」は、愛をストレートに表す言葉となって、子どもの心に響いていくようです。

自分が今やっていることを認めてくれる言葉
自分の価値観を認めてくれる言葉
丸ごと愛してくれる言葉　を一日一回は必ず一人一人に言います。（スマイルを増やすキュートな指導10）

そんな言葉がけを笑顔でするといいと思います。

第二は、自分から面白いことをしているときや、子ども自身が、本当に面白いと感じたとき、子どもたちの顔は笑っています。自ら楽しく行動している子どもたちは、笑顔です。ダンス、植物探し、百人一首などのカルタなどをしているとき、笑顔です。何か熱中することをやるとき、笑顔になります。だから、子どもたちの楽しい遊びをどんどん取り入れたいと思います。

第三は、大人を茶化すとき、笑顔になります。「茶化す」とは、バカにするとか、大人の失敗を失笑するような行為ではありません。そんなマイナス的なものではありません。わざとの大人の間違いに「何、言ってるの？」

「違うでしょ！」「先生、そんなことも知らないの？　教えてあげる！」と思っているときの子どもの顔は笑顔です。

向山洋一先生の「たおる　をいれた」の実践では、「子供たちは、ゲラゲラ笑った。」（『小学一年学級経営　教師であることを畏れつつ』学芸みらい教育新書）と書かれていて、「先生、何言ってるの？」と面白がっていることがわかります。また、「おやゆびたろう」の実践でも、「新幹線が走っていた」という向山先生の発言に子どもたちが、わーんと自分の意見を言うところなど、子どもたちの笑顔が目に浮かんできます。つまり、ちょっとの間違い、自分たちもしそうな間違いを笑い飛ばすというような余裕の笑いです。かつての「ロンパールーム」というテレビ番組には、「ニコちゃん」が出てきて、よくないことをし、それをお姉さんが、テレビの向こうの子供達に話しながら、「違うよね」「こうだよね」と笑顔で正していく場面がありますが、そんな感じです。

笑顔にする秘訣は、以下の三つです。

一　「賢いね」「天才」「かわいいね」「大好きだよ」など「能力」を褒めたり、「存在」を認めたりする言葉を短い言葉で言う。
二　熱中するゲームや体を動かすことをする。
三　先生がちょっとだけ間違う。

しかし、楽しい授業をし、その子のことを受け入れたり、褒めたりして、関係性ができてくると、ちょっと見つめて笑顔をするだけで、笑顔になっていきます。

楽しい授業を楽しそうにします。　**（スマイルを増やすキュートな指導11）**

Ⅱ 担任の笑顔が倍増！　年間計画づくり

初めて一年生を担任したのは初任二年目でした。ベテラン先生二人にいろいろなことを教わりました。私の教室の隣は、校長室だったため、一日に何度も校長先生が見にきてくださいました。叱っているときに、だれかに見つめられていると思って見上げると、校長先生がドアの所に立っておられたこともありました。そんな日の放課後には、ノートの切れ端に、注意事項を書いて渡してくださいました。

職員室の机は、一年生の主任の先生と二年生の学年主任の先生にはさまれていましたので、二年生の学年主任の先生が作られた「一年生ノート」という一年生を担任したら必ず読み返されるノートを貸していただきました。最初の一週間は、そのノートに書かれている通りにやりました。そのときに教えてもらった指導法や子どもを動かすシステムは、今でも、使っています。

1　入学式の二週間前に準備すること

まずは、ノートを一冊用意しました。そこに、一年生に関するものをどんどんコピーして貼っていきました。「一年生」と書いてある文章は全て読み、大切だと思ったものは、コピーをとりノートにどんどん貼りました。コピーが間に合わなくなってきたら、いいなと思ったページや論文に付箋を貼っていきました。

それから、前一年生担任が、クラス替えまでしてくださっているので、自分はどこのクラスを持つのか、先生方と決めます。初めて持ったクラスの子どもたちは、幼稚園からの申し送りで「良い子」とされている子どもが多いクラスでした。でも、それは、大間違いで、自分の対応のまずさで「良い子」は、自分にとって「困った子」に変身しました。クラスの子どもたちが分かったら、どんな子どもがいるのか、送られてきた資料を読みました。

幼稚園や保育所からは、同じ項目で子どもたちのことを知らせる表があります。

そこで、以下七つのことを知ります。

病気を持った子	大人しい、乱暴などから友達の中に入っていけない子
学校以外の相談施設（病院・療育園）に通っている子	リーダー的な子　欠席の多い子
保護者について	誕生日・地域・出身園（所）

この項目をよく読んで、知らない病気は調べたり、本を読んだり、実際に病院の先生に尋ねたりします。

それから、

① 机や椅子・ロッカーなどの名前シール貼り

② 配付物の点検

③ 名簿作成

④ ファイルなどの名前書き

の準備と並行して、入学式当日の「流れ」や学年目標、教材教具選定などについて同学年の先生と話し合います。

入学式当日の流れは、「新一年生が保護者と校門を入り、保護者と校門を出るまで」をイメージして細かいことをシュミレーションしながら決めていきます。こんなことが起こったらどうするか（例えば、もらしたら、嘔吐したら、泣き出したら、わいわい騒いだら、呼名しても返事ができなかったらなど万が一のことを考えて流れを作ります）もきちんと話します。

そして、「こんな一年生になってほしい」という願いを学年目標に決めます。それを受けて、学級目標も決めていきます。

参考にしたのは、向山洋一先生の本で一年生のことが書かれている本『小学一年学級経営　教師であることを畏れつつ』（学芸みらい教育新書）です。この本は、一年生を担任したら、一緒に組む先生方にもお貸しし、読んでいただきました。

私は準備段階から、笑顔で行うように心がけました。ついつい眉間にシワが寄って悲壮感丸出しは、習慣になってよくないと思ったからです。そういう時は、ちっちゃなことでもできたら、大きな声で「すっごい！　私できた！」「えらいぞ、私」と職員室で周りから変な顔をされても、気持ちをアゲアゲにするためにやるといいです。ちっちゃな「やった」や「えらいぞ」はとても力になります。しかも、ちっちゃなことが褒められれば、一年生がやったちっちゃな出来事も褒めることができます。周りから、「まあ、いいわねえ、そんなことで気持ちが上がるなんて」と言われた時も「ありがとうございます」と笑顔で答えました。

ちょっとしたことも「できた」「やった」「えらい」と声に出して褒める。そうすれば、一年生の子どものちょっとしたことも褒められるようになります。

（スマイルを増やすキュートな指導12）

さて、新一年生の用意するもの・確認が必要なものは以下の七つです。

① 学級編成名簿表（玄関掲示用・教室前掲示用）
② 児童用下駄箱（名前シールを貼る）・保護者用下駄箱（案内表示も）
③ 受付名簿（入学のしおり・給食費・就学援助など教頭先生や事務の先生が出されるものの確認）
④ 机・椅子・ロッカー（名前シールも）
⑤ 机上配付物（教科書・家庭環境調査表・保健関係のプリント・問診票・交通ワッペンやランドセル黄色いカバー・名札など）
⑥ 教室の装飾（黒板掲示・廊下や横の壁を飾る）
⑦ 記念写真の連絡（どこの写真屋さんに頼むか・いつ写すか・どのようにするかなど確認）

そのほか、地域によって異なりますが、下校の仕方が地域下校ならば、地域下校の方法（私の学校では、地域の名前が難しいので、色で決めている。ピンクは西条東、黄色は、寺家など）それ以外の下校の仕方も決めておくとよいです。

♥2　黄金の一週間をどう組み立てるか

○出会い～教室に入る
○入学式前の指導
・あいさつと返事の練習
・出席番号順並び
・身だしなみ
○入学式後の指導
・学校は楽しいところ　なかよくするところ
・先生の名前
・保護者へあいさつ・配付物の確認
○記念撮影
・にっこり笑顔
・帰りのあいさつ

1　入学式当日のスケジュール～にっこり笑顔で

①　出会い

子どもと初めて出会う時を大切にしたいです。

子どもたちは、一緒に来られた保護者と玄関で別れて教室にやってきます。初めての教室で心細く思っています。子どもがドアの所に立ったら、さっと名札を見て（私の学校では受付で名札をつけます）笑顔で、「○○さん、おはよう」とあいさつをします。

自分から教室に入ってきた子には前述の握手をします。ドアのところで止まってしまった子は、肩を抱いて（六年生のお手伝いの子がいたら、その子と一緒に）教室に入るように促します。そして、立ったまま握手をします。

「よく来たね。待ってたよ」の言葉をかけて迎え入れます。

六年生の児童が教室まで連れてきてくれることになって

いるのなら、六年生の児童に席までついて行ってもらいます。六年生がもういなければ、「○○さんの名前が書いてある机があるよ。どこにあるかな？　分かるかな？」と机を探させます。自分の字が分からなければ、頭の中でチェックです。

机が分かったら、「ここにかけてごらんなさい」と言って、手に持っているシューズ入れをフックにかけさせます。坐らせたら、「みんなが来るまで坐って、待っていてくださいね」とにっこり笑って言います。

入学式の日は、憧れの芸能人を思いうかべてにっこり笑顔をします。

（スマイルを増やすキュートな指導13）

② **入学式前の指導**

入学式前は緊張しているので、楽しいことをして緊張をほぐすことをします。いつもやるのは、声を出させて、大いに褒めたり、ちょっぴり楽しい話をして笑わせたりすることです。

○あいさつの練習～緊張をほぐすため
○返事～入学式の練習と声を出させるため

○（挨拶）教師の元気のよい「おはようございます」のあいさつをします。
↓子どもから、返事が返ってきたら、「わあ、元気ですね。すばらしい」と褒めます。

↓元気がなかったら、「あれあれ？　朝ごはん食べてきたかな？　食べた人？（手がたくさん挙がっても、挙がらなくても「えらいねえ」と褒め、食べてきたから、もっと声が出るよ。息を吸って〜「おはようございます」と繰り返すと出るようになります。大きな声が出たら、必ず、「素敵！　びっくりしちゃった！」などと褒めます。

◯（組の確認）「みなさんは、一年◯組です。言ってごらんなさい。一年◯組です。はい」↓言わせます。

「一年？」「◯くみ〜」と元気な声で言ったら「まあ、よく覚えていたね。えらい」と大いに褒めます。

◯（先生の名前の確認）「先生の名前は、笠井美香です。言ってみてください」↓言わせるけれど、自分も一緒にゆっくり子どもの言葉にかぶせて言います。「先生（自分の胸に手をあてて）の名前は？」↓「笠井美香先生！」と返ってきたら、「うわあ、さすが、R小学校の一年生だ！　きちんと言ってたね。えらいなあ」と褒めまくります。

◯（返事の練習）「みんなで返事の練習をします。『一年◯組さん』と言ったら返事をしますよ」

「一年◯組さん」「はい」

「一年◯組さん」（小さい声で）、「はい」（小さい声で）。次は、大きい声や、高い声、低い声で次々「一年◯組さん」と言い、楽しく次々テンポよく返事をさせます。

さらに「一年キリン組さん」と全然違うクラス名を言うと、「ええ？」「違うよ」「一組だよ」と大騒ぎになって、笑いが起きます。最後は、また、「一年◯組さん」と大きなはっきりした声で言い、大きくてはっきりした「はい」の声が聞こえたら、終わります。

（スマイルを増やすキュートな指導14）

間違えてじらします。

○（トイレ）必ず、体育館に入る前にトイレを済ませておく。

○（呼名の説明）「入学式では、みんなの名前を一人一人呼びます」（にっこり笑って子どもたちを見ます）「名前を呼ばれたら、今みたいな大きな声で返事をしてください。返事ができたら、前を向いて立ちますよ」と言い、やんちゃな子どもさんの名前を呼びます。「○○○○」（呼び名なので呼び捨てです）「はい！」と答えて立ったら、大いに褒めます。「とっても上手でした。すばらしいなあ。本当に素敵です。○○くんのようにやるんですよ」とお手本を示して、みんなを立たせ、全員立ったら、「一年一組さん、坐りましょう」で坐らせます。

　時間になったら、教室の後ろに出席番号順に並ばせます。出席番号順に机を配置しているのであれば、一列ずつ並ばせると、子どもが混乱しないで済みます。机の列を列車に見立てて、この列は、「一号車」、二番目の列は「二号車」と名前をつけておくと分かりやすいです。「一号車さん、立ちましょう」「椅子を机の中に入れます」「順番に先生の後ろについて来てください」というふうにして並ばせます。できたら、必ず笑顔で褒めます。

○（体育館入場）全員、列に並んだら、子どもたちの服装（襟が出ているか、スカートはめくれていないか、ソックスはたるんでいないか、ズボンのチャックは開いていないかなど）を点検させます。隣に並んでいる子と手を繋がせて教室を出発します。

子どもの前では、女優で、優しい先生、生き生きした先生、安心させる先生を演じます。

（スマイルを増やすキュートな指導15）

③　入学式後の指導

入学式が終わったら、トイレを済ませて教室に戻ります。教室に戻ったら、入学式でのがんばりを褒めます。入学式後の時間に、

①　学校は楽しいところで、かしこくなり、お友達となかよくなるところ
②　先生は困っている人のお助けマンなのでなんでも話していいこと

ということを言葉だけでなく、笑わせたり、ジェスチャーをしたり、絵を見せたりするなどしていろいろな方法で伝えます。

〇（困る時はどんな時か考えさせる）まずは、向山洋一先生が聞かれたように「どういう時に困るかな？」と聞きます（『教え方のプロ・向山洋一全集』第４巻　明治図書）。学校で困るような時をどんどん子どもたちに出させていきます（出なかったら、先生が「トイレに行きたくなったら困っちゃうよね」などと例を挙げると、出やすくなります）。いろいろ出た後で、困った時、先生に話すことを伝えます。

〇（休憩タイム）話を聞いた後は、じゃんけんゲームなどで休憩タイムを作ります。緊張させたり、緩めたりと子どもの様子を見ながら、進めていきます。じゃんけんして「勝った」「負けた」と言うだけでも、盛り上がります。

○（名前を呼ぶ）教室に活気が出てきたところで、向山洋一先生の「名前を呼んで、返事をさせる」の追試（前掲書）を行います。これを行うと、短い時間に一人一人の子どもと目を合わせてにっこり笑顔をすることができます。

「○○さん」（先生）　「はい。笠井先生」（子ども）　「はい」（先生）

これだけで、子どもに安心感を与え、しかも、子どもたちにとっては、先生と自分だけの時間を共有することになります。

○（キャラクター紹介）全員返事ができたら、「みんなのことを待っていた人が笠井先生の他にもう一人います」と指人形（私の場合は、猿の毛むくじゃらの人形。名前を「きょうちゃん」と言う。私が一年生の時の担任の先生のキャラクター人形も「きょうちゃん」で、私たちは、先生が出張でいない時、「きょうちゃん」が先生の机に坐っていたのでがんばった（笑））を見せます。

声色を変えて、「みんなに会えてうれしいな。ぼく、笠井先生に聞いて知ってたよ。みんなかわいい、良い子だって」などとやると、大興奮します。

きょうちゃんは、時には、みんなのお手本になって、良いことをやったり、ちょっと悪い子になって、みんなに「ダメだよ」って言われたりする弟みたいな存在になります。

子どもたちは、寂しい時、だっこしたり、悪いことをした時、「きょうちゃんだけに教えて！」と言ったりすると、本当のことを言ったりするので驚きです。

○（保護者へ向けて）保護者が体育館から戻って来られ、教室に入られたら、

○入学式からおよそ一週間の、行事予定・学習内容・準備物（学年通信などのプリントにしておく）について

○お知らせとお願い
・登校について・下校について・欠席について・排便について・教材類の記名について等
○服装・持ち物について

を伝えます。

話の始めは、「ご入学おめでとうございます」を、最後は、「確かにお子様をお預かりいたしました」と締めくくります。

話は、「学年通信」などのプリントをもとに落ちがないように伝えます。

特に、翌日からの担任や専科引率による集団下校については、「時間」「ルート」などを知らせます。

また、「欠席連絡」や「下校連絡」（「今日は、家に帰らず、放課後児童クラブへ行きます」など）は、連絡帳を通じて行っていただくこともお願いします。
○（配付物の確認）保護者への話が終わったら、子どもと一緒に配付物の確認をしてもらいます。教科書の有無やプリント類の確認をしていただき、話が終わったら、「静かによく待っていましたね」と子どもたちを褒めます。

説明は短い言葉でテンポよくします。具体物を見せて見て分かるようにします。

（スマイルを増やすキュートな指導16）

④　記念撮影がうまくいくヒント

保護者と一緒に記念撮影をします。「今から一緒に来てくださったお父さんやお母さんと写真を撮ります」「写真を撮る時、にっこり笑いましょう。では、にっこり笑う練習をします」と言って笑顔になる練習をします。

○（笑顔になる練習）「ラッキー」「ミッキー」「ウッキー」で、笑顔を作ります。

一番、最初は、顔ほぐし。ほっぺたをつまんで、モミモミします。

次に、唇をブルブル言わせます。「ブルブルブルブル」唾が出てもお母さんに拭いてもらいます。

最後に、「ラッキー」で手を胸でクロス、「ミッキー」で手をグーにして、ミッキーマウスの耳のように頭の上にのせます。そして、最後に「ウッキー」で手を上に上げ、笑顔にします。笑顔になっていたら、褒めまくります。

お母さんたちが笑顔になっていないので、「みんなの方が、かわいくて、かっこいいよ！」と言います。

○（並んで、撮影場所へ）「入学式で体育館に並んだように、並べるかな？」と挑発し、「一号車さん」と言って、今度は、並ぶ場所で待って、指示だけで動けるかどうか見ます。できたら、褒めます。「二号車さん」「三号車さん」と次々指示を出し、並べたら褒めます。

○（記念撮影）ひな壇にのせた後、「ラッキー、ミッキー、ウッキー」と掛け声をかけ、笑顔にさせます。手を上げる子も中にはいるので、「写真を撮る時は、後ろの人の顔が写らないから、手を上げないよ」と伝えておきます。笑顔になって写真屋さんから「オッケー」が出たら、褒めます。

⑤　帰りの挨拶（下校指導）

次の日に来るのが楽しみになる「さようなら」をします。記念撮影が終わったら、子どもたちを集めます。低くなり、目線を合わせ、「今日のお勉強はこれで終わりです。明日、先生は、一年○組の教室でみなさんを待っています。おさるのきょうちゃんも待っています」と言います。

「みんなで『さようなら』と言って、帰る時、今日は、先生とタッチして帰ります。右手でタッチ（高く自分の右手を上げます）は、男の子、左手は（これも高く左手を上げます）女の子のタッチです」「では、挨拶からいきますよ」「立ちましょう」と言って、みんなを立たせます。そして、「さようなら」を言います。

「さあ、タッチだよ～」と両手の平を開いて上げると、次から次へとタッチをしに来ます。タッチをしたら、「さようなら」と笑顔で優しく言って帰らせます。全員タッチが終わったら、下駄箱に行き、困っている子や保護者の個人的な質問に笑顔で答えます。

《一日目　やったらよかったこんなこと》

入学式の日、または、翌日に一人一人の顔写真を撮っておくこと。早く名前と顔が覚えられたと思います。また、夏休み明けや三月の進級前に、もう一度撮ると子どもの成長や気持ちの変化がよくわかります。

【一日目】

学習内容・予定	子どもへの対応	保護者への対応	やんちゃ予備軍への対応
入学式 出会い～握手 入学式前の指導 入学式後の指導 記念撮影 配付物確認 下校指導	・学校名・学年・組・担任の確認 ・机・ロッカー・靴箱の確認 ・名前を呼び、返事の練習 ・入学式ですること確認 ・配付物の確認 ・じゃんけんをして保護者と一緒に下校	・組・教室の場所・担任の確認 ・机・ロッカー・靴箱の確認 ・配付物の確認 ・地域の登下校班の確認（登校班の班長や班員の確認・集合場所・時刻の確認）	・とにかく笑顔。 ・アドバルーンはやさしく対応。 ・返事のお手本にする。 ・褒める。 ・優しい行動をしたら、「優しい」「素敵」「かっこいい」とすぐに反応。 ・一つ役を任せる（泣いている子を慰める役・朝の黒板を消す役・日めくりカレンダーをめくる役など）。

2　二日目～褒めて褒めて褒めまくる

①　朝の時間―ロッカーの位置の確認

私は、「黄金の三日間」の朝は、子どもたちが来る前に教室に行くよう心がけました。二日目は、初めて一人で教室にやって来ます。少しでも不安を取り除くために、指人形のきょうちゃん（四十二ページ参照）と共に、教室で子どもたちが来るのを待ちました（四日目からは、きょうちゃんだけが待っている日もありました）。

教室に入って来る子ども一人一人に「おはよう」と笑顔で声をかけます。そして、ランドセルを机の上に置かせて、全員が来るまで、トイレに行かせたり、子どもたちと話をしたりして、待たせます。

全員が来たら、指示を出します。

「朝来たら、いつも、ランドセルは、ロッカーにしまいます。
自分のロッカーはどこか分かりますか？
自分のロッカーにタッチしてきましょう。」

入学式の時に行った「一号車」「二号車」と言って次々タッチして席に戻るように指導します。机の上にランドセルの中のものを全て出しているか、自分のロッカーが見つからないで困っている子がいたら、一緒にロッカーを探します。帽子を被ってきた子に、「帽子をロッカーに置きましょう」と言って帽子を持ってきた子をもう一度、ロッカーに行かせ、帽子を置かせます。

② 一時間目に必ず指導すること

○ トイレの使い方

机の上には、ランドセルを置いているので、子どもたちをワークスペースに集めて説明を行います。洋式トイレと和式トイレの使い方を、

○朝の時間
○一時間目
・良い姿勢のとり方
・トイレの使い方
・朝来てすること
○二時間目
・道具の出し入れ
・健康観察の仕方
・プリントの配り方・しまい方
・チャイムの意味
・休憩の仕方
○三時間目
・靴箱の使い方
・帰り支度の仕方

まず、絵を描いて教える。洋式トイレは、坐り方、トイレットペーパーの使い方、水の流し方を教える。和式トイレは、足の位置、トイレットペーパーの使い方、水の流し方を教える。それから、実際にトイレに男子女子を別々に連れて行き、使い方を確認します。男子のトイレの使い方も、足の置き方など確認します。

最後に、トイレの洗面所で手を洗い、ハンカチで拭くことも指導します。教師が丁寧にやって見せると、同じようにやります。一人一人、手を洗い、ハンカチで拭くことを練習させます。ハンカチを忘れている子がいるので、タオルを数枚用意していたらいいと思います。忘れた子には、「明日は持ってこようね」と優しく言います。

○　良い姿勢のとり方

「良い姿勢をすると、お勉強がスラスラとできるようになります」「良い姿勢の合言葉があります」と言い、合言葉を教えます。

（●に赤いシールがあります）

椅子に奥深く腰掛け、椅子を引き、

ピン（背筋を伸ばす　机の真ん中、下に赤いシールを貼っておき、そのシールを体の真ん中にするように促す）

ピタ（足を床にピタっとつける）

グー（右手をグーにしてお腹につけて、机とお腹をグー一つ分あける）

グー（左手をグーにして背中につけて、背中と椅子をグー一つ分あける）

「ピン・ピタ・グー・グー」と掛け声をかけると、自分で姿勢ができるようにさせる。

○　ランドセルのしまい方

「朝、学校に来たらやること」を確認します。子どもたちを机につかせ、一つ一つ確認していきます。

①　ランドセルの中のものは、全部出して机の上に置く。
②　空になったランドセルのおしりの方からロッカーの中に入れる。
③　肩紐をランドセルの下に入れ込む。
④　帽子はランドセルの上に置く。

①　持ってきたものは全部出して机の上に置く。
机の上のランドセルのふたを開けさせます。隣の机の上にランドセルのふたが出ないように置かせ、通路側に立って持ってきたものを全部出して机の上に重ねて置かせます。

②　空になったランドセルのおしりの方からロッカーの中に入れる。
ランドセルのおしりから入れて奥の壁にぶつかるまで押し込むように指導します。帽子が入っている子は、帽子を一旦被らせて、ランドセルを入れさせます。

③　肩紐をランドセルの下に入れ込む。
肩紐がロッカーから出ていると、それに引っかかって、転げる子もいます。「みんなが怪我をしないようにしようね」とやって見せ、できたら褒めます。

④　帽子はランドセルの上に置く。

帽子を持ってきた子は、かぶっている帽子をランドセルの上にそっと置くよう指導します。

この四つのことを一つずつ確認しながらやっていきます。「○くん、十点、○くん、八点、紐が下に入ったら十点だよ」などと個別評定しながら、やらせます。四つ全てできていたら、褒めます。みんなでロッカーを見て、気づいた人がいけないところを直させ、そこに気づいたことを褒めます。

一人一人さらっと笑顔で評定し、気持ちを上げさせます。（スマイルを増やすキュートな指導17）

③ 二時間目に必ず指導すること

○ 道具の出し入れ

ランドセルが、ロッカーにしまえたら、机の上に出していた学習道具を机の中にしまう方法を教えます。

> ① お道具箱はふたを開けて、ふたを右側、本体を左側に入れる。
> ② 教科書やノート、下敷きは重ねてお道具箱のふたの方（右側）に入れる。筆箱もノートの上に重ねて置く（一時間目から順に上になるように重ねる）。

持ってきた連絡袋（学校からのお手紙を入れる袋）は、お道具箱の上に置かせます。

子どもを席につかせ、机のものを出し入れする練習をさせます。「下敷きを出してください。出したら、頭の上に置いて先生に見せてください」と言い、自分の頭の上に乗せた子から、「一番」「二番」と順番を言っていきます。「連絡袋を出して、頭の上に置いて見せてください」と言うと、子どもたちは、番号を言われたくて、素早く出します。

持っているかどうかは頭の上で確認します。順番を言うと早くできる子が増えます。

（スマイルを増やすキュートな指導18）

○　健康観察の仕方

「学校では、毎朝、みんなが元気かどうか調べます。これを『健康観察』と言います。みんなで言ってみましょう。さんはい」と言って「健康観察」と言わせます。

初めて出てくる言葉は一斉に言わせるようにします。

名前を呼ばれたら、「はい」と返事をし、自分の体の調子を言わせます。「体の様子にはどんなものがあるかな？」と子どもたちに聞き、言わせます。「元気です」「お腹が痛いです」「鼻水が出ます」「手が痛いです」「足が痛いです」「咳が出ます」などと子どもたちから出たら、「自分がそう思うものを言うのですよ」と伝えます。

それから、「言いたい人？」と尋ねます。手を挙げる子は、やんちゃくんです。立候補したことを大いに褒めて、名前を言います。「○○くん」と言って、「はい。元気です」と言えたら、大拍手です。もし、言えなくても、「言おうとしたことがえらいよ。そういう時は、『はい、頭が痛いです』って言うんだよ」と教えます。

だれかが「元気です」ではなくて「風邪です」とか「お腹が痛いです」と言ったら「お大事に」と言います」と言うと、みんなの発表もよく聞くようになります。

また、「健康観察をやりたい人はいますか?」と言うとまたまた、次のやんちゃくんや優等生さんが、手を挙げるので「ピシッと手が伸びている人の名前を言います」と言って「○○さん」と名前を呼びます。「はい。元気です」、「○○くん」と次々名前を呼び、「はい、お腹が痛いです」「お大事に」「○○くん」「はい。元気です」とリズムよく名前を呼んで健康観察を行います。

時々、「『元気』は『はい、カツ丼です』って言うんだよ、『風邪』の時は『はい、天丼です』って言いましょう」と言わせます。

このように覚えておかないとどっちがどっちかわからなくなる、ワーキングメモリーを鍛えるような健康観察をすると笑顔になりますし、「はい、元気です」よりも「はい、カツ丼です」の方が大きな声で健康観察ができ、気分も上がります。

一回「ハイ、ガソリン満たんです」と言わせたことがあり、「今日はレギュラーだ」とか「ハイオクがいいな」とおうちでも話題になったとお手紙をもらったことがあります。

○　プリントの配り方、しまい方

有田和正氏のプリントを配る時の「どうぞ・ありがとう」の追試をします（『新しい学級づくりの技術』明治図書）。列ごとにプリントを配ります。まず、真ん中の一番前の子にプリントを人数分渡します。その時に「どうぞ」と言って渡し、もらった子に「プリントをもらったら、『ありがとう』って言うんだよ」と言い、「ありがとう」と言わせるお手本を見せます。もらったプリントを一枚、自分の机の上に置き、残りのプリントを、後ろを向きながら「どうぞ」と言わせて後ろの子に渡すように促します。後ろを向いて「どうぞ」と渡したら、「すごい、よくできた」と褒めます。

それから、次々、「どうぞ」と言ってプリントを渡させ、最後の列まで、プリントが上手に渡せたら、拍手をして褒めます。一列ごと、「まん中の列の人より上手にやってごらん」と言い確認していき、できたら拍手して褒めます。

○　チャイムの意味

一時間目の終わりを告げるチャイムが鳴ったら、「みなさん、耳を澄ましてください」と言い、鳴り終わったら、「この音は、チャイムと言って、『一時間目のお勉強が終わりました』との合図です。このチャイムが鳴ったら、先生が『終わります』と言うので、一時間目が終わります」と説明します。

「それから、みんなは、時計の針が3から4に行くまで休憩ができます。『休憩』というのは、次のお勉強の用意をしたり、トイレに行ったりすることです。もちろん、『ようい』と『トイレ』が済んだら、好きなお友達とおしゃべりしてもいいですよ」と言います（この時、「チャイム」「きゅうけい」「ようい」「トイレ」の四つのフラッシュカードを用意し、見せながら説明します）。

終わりを告げるチャイムが鳴ったら、「みんな、聞いて！　チャイムが鳴っています。このチャイムが鳴ったら、席について、椅子に腰掛けるんですよ。チャイムが鳴り終わるまでに椅子に腰掛けていたら、『優秀』です！」と言うと、急いで腰掛けようとしますので、大いに褒めます。

「このチャイムは、『次のお勉強が始まりますよ』を教えてくれるチャイムです。このチャイムが鳴ったら、椅子に腰掛けて静かに待ちましょう」と説明する（もう一枚「チャイム」のフラッシュカードと「いす」「おべんきょう」のフラッシュカードを見せながら説明します）。

○　靴箱の使い方

入学式の並び方をして、靴箱まで静かに歩いて行かせます。歩く時は、「忍者のように静かに」「右側を歩きます」と言います。靴箱に着いたら、みんなと同じ靴箱に入れている教師の靴で説明をします。「靴は、ランドセルと同じように、後ろの壁とこっつんこするまで入れます」「右足と左足のかかとをぴったりそろえます」「靴箱の上が、上靴、下が、運動靴です」と短く説明します。ここでも合言葉を教えます。合言葉を一緒に言わせます。「手でそろえる、かかとをそろえる、となりもそろえる」動作をつけて、言わせます。「手でそろえる」（手で下駄箱に壁とこっつんこするまで入れます）「かかとをそろえる」（右足と左足のかかとをそろえます）「となりもそろえる」（となりの人の靴箱を見てそろってなかったら、そろえてあげます）一列ごとに上手にできたら、しっかり褒めます。

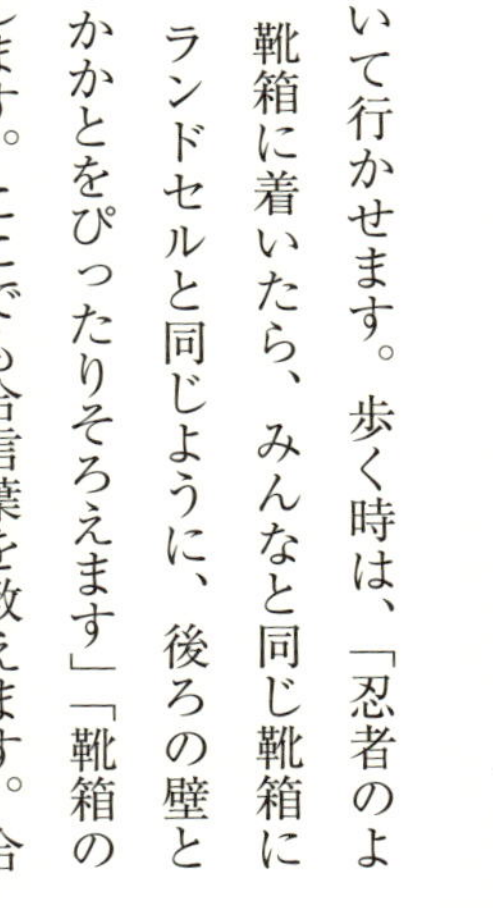

手でそろえる
かかとをそろえる
となりもそろえる

○　帰り支度の仕方

①　教師が言うものを机の上に出す。

「先生が、言うものを机の上にさっと出します」

「筆箱」と言うと「筆箱」と言いながら、机の上に出したので大いに褒めて、「○○くんのように言いながら出しましょう」と言います。

「下敷き」（「したじき～」と言いながら出す。周りの子を見て出す子もいます。出せたら褒めます）

「連絡ファイル」（「れんらくふぁいるぅー」これは、ちょっと時間がかかります）

「次は、出してはいけません。でも、あるかどうか、見ましょう」「お道具箱」（「おどうぐばこ」と言いながらあるかどうか机の中を見せます）

② 間違えて持って帰らないように必ず、持って帰らないものは確認させます。

③ 机の上に置いたものをそろえて、右端に置きます。

④ ロッカーから、帽子とランドセルを持ってきて、左側に置きます。

この時も列ごとにロッカーのところまで行かせますが、「音もなく、そっと取りに行きましょう」と言うと、走っていってぶつかる心配が減ります。

④ ランドセルのふたを椅子の背もたれにかかるように開き、机の上のものをランドセルに入れます。

⑤ ランドセルを机の上に置き、ランドセルのふたをしめたら坐って待ちます。

○　一年生下校の並び方、下校の仕方

一年生だけで帰ることになるので、地域ごとに並ばせます。地域ごとに色分けをしているので、名札にその色のシールを貼っておきます。色ごとに玄関に連れて行き、靴を履かせます。靴を履いてからもう一度、人数を確認し、集合場所に連れて行って並ばせます（地域ごとに、先生方で担当を決めておき、その先生が連れて行くようにするとよいです）。

集合場所で、「かっこいい歩き方で帰ろうね。では、また明日。さようなら」と言って並んで帰らせます。右側を歩いている子、車が来たら、端に寄る子を褒めながら家の近くまで一緒について行きます。

《二日目　やったらよかったこんなこと》

メモが書けるような大きめな座席表を作っておくと、朝の連絡がスムーズだったと思います。

「一年生さん」「男の子」「女の子」と次々返事をさせていくとどんどん元気になります。

今なら、『話す聞くスキル①』（正進社）の最初のページ「春の七草」を暗唱させるとよいと思います。

良い教材を使い、子どもを熱中させ、勉強ができるようにします。

（スマイルを増やすキュートな指導19）

※二日目に読んだ絵本

田島征三『わっはっは』（偕成社）

いわむらかずお『14ひきのあさごはん』（童心社）

セイラー作・今江祥智訳『ぼちぼちいこか』（偕成社）

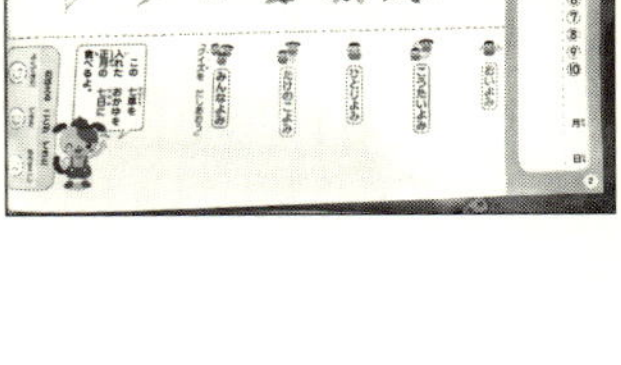

【二日目】

学習内容・予定	子どもへの対応	保護者への対応	やんちゃ予備軍への対応
朝の時間の過ごし方 一時間目 ・トイレの使い方 ・朝来てすること 二時間目 ・道具の出し入れ ・健康観察の仕方 ・プリントの配り方・しまい方 ・チャイムの意味 ・休憩の仕方 三時間目 ・靴箱の使い方 ・帰り支度の仕方	・安全に登校する。教室まで一人でやってくる。お家から持ってきたお手紙を出す。 ・トイレの使い方を知る（洋式・和式）。 ・朝の生活の仕方を知る。 ・ロッカーの使い方を知る。 ・起立と着席・朝の挨拶、返事の練習をする。 ・一時間目・二時間目、休憩とチャイムの鳴る意味を知る。 ・休憩中にすることを知る。 ・靴のそろえ方を知る。 ・帰りの用意をする。	・「家庭環境調査表」「保健調査表」「心電図問診票」などを提出する。 ・お手紙がある場合は、すぐに返事をする。 ・帰りの連絡やいろいろな連絡をメモする。 ・心配な場合は電話をしてしっかり聞く。	・とにかく笑顔で対応する。 ・とにかく褒める。 ・お手本にする。 ・立ったり坐ったりの動作をたくさん入れる。 ・おもしろいゲームをする。 ・読み聞かせをする。

♥3　三日目〜あたたかく包み込む

①　一時間目に必ず指導すること

〇　ならびっこ

背の順並びをします。まず、男子から先に、教室の空いているスペースに一列に並べて背の高さ順にします。男子が背の順になったら、「背筋を伸ばしますよ」「気をつけを、します」とやってみせると同じようにします。

その場に坐らせて、「女子が上手にやるかどうか見てね」と言います。次に、女子を並ばせます。女子は男子を見ているので上手に動きます。褒めます。「男子がやったから女子もできたね」と男子の労もねぎらいます。

男子も女子も立たせて、「前ならえ」をさせます。「前の人、後の人を覚えてください」と言います。そして、席につかせます。

もう一度「では、今、並んだ背の順並びをしましょう」と言って並ばせます。男子か女子か、早くできた方を褒めますが、遅くなってしまった方も、「遅くても、手が伸びています」「遅かったけれども、黙ってできました」と必ず、褒めます。

○一時間目
・ならびっこ
・廊下の歩き方
・職員室と保健室の場所確認
○二時間目
・傘のしまい方
・話の聞き方
・発表の仕方
・名前の漢字のフラッシュカードで返事の練習
○三時間目〜図画工作
・自分の顔を描く

○　廊下の歩き方
「廊下は歩きます」「上手な人は、音がしません」「モデルさんのようにすっすと歩きます」とお手本を見せます。

私が習っているポスチュアウォーキングでは、鼻呼吸をして、膝を曲げずすっすと歩く練習をしますが、そのように背筋を伸ばしてすっすと歩いて見せます。

廊下は走ってはいけない理由を一年生にわかるように伝えます。「廊下は走ると友達とごっちんこした時、痛い

し、病院に行かなきゃならないから、ゆっくり歩こうね」と言います。その他にも、

昨日ね、一年生のお友達が、がががが一って走って、六年生のお兄さんとグワーーンってぶつかり、ころころころって転げちゃって、頭をガーーンと打ってね。「血がダラダラって出て、アーン、アーン、痛いよう」って泣いて、救急車で運ばれた

夢を見ました！　ああ、夢でよかった。太郎くんが怪我がなくて。よかった。

と話しましたら、びっくりして廊下を上手に歩くようになりました。また、走っている子がいたら、「廊下は、愛する者を守るために走るんだ。君は誰を守っているのかい？　え？　守っていない。じゃあ、歩こうか。愛するのはいないんだな？」と聞くと、「はい、いません。歩きます」と言ったときもよく効きました。

廊下の歩き方も合言葉（短い言葉）で覚えさせます。

お口はチャック。背筋はピン。
音を立てずにゆっくり歩きます。

叱るのではなくて、「教える」、直してほしいことややってほしくないことは、無視したり、ユーモアで返します。

叱るのではなくて、やってほしいことを教えて伝えて、叱るのではなくて、ユーモアで返します。できたら褒

めます。（スマイルを増やすキュートな指導20）

○　職員室と保健室の場所を知る。

子どもたちが、担任がいなくて困ったときに訪れる場所は、職員室と保健室です。この二つの場所は、一番早く知らせます。その際に、実際に職員室の前に連れて行き、部屋に入るときの約束を教えて、やってみるといいです。

「では、やってみましょう」と①～④までをペアやトリオやグループでやらせます。一つ一つできたら、褒めます。いいところはしっかり伝えます。

①職員室に入るときは、ドアを開けて大きな声で「失礼します」と言います。
②職員室に入ったら、「○○先生は、いらっしゃいますか」と質問したり、「分からないことがあるんですけど、質問していいですか？」と困っていることを伝えたりします。
③何か聞かれたら、はっきりと答えます。わからなかったら、「わかりません」と答えます。
④職員室を出るときは、「失礼いたしました」と言ってお辞儀をして出ます。

次に保健室へ行って「保健室は病気をしたり、怪我をしたりしたときに行く場所です」と言います。そして、職員室で行った①～④をやらせます。②のところで「こけました」「頭をうちました」「頭が痛いです」「お腹が痛いです」としっかりがんばって伝えることを言います。これもやらせてみます。

保健室の先生と連携をしていれば、「保健室でのお約束」を教えてくださいます。職員室でも、校長先生に伝えておけば、時間があえば、校長先生とお話できるかもしれません。校長先生とお話することは、子どもたちにとって、とてもうれしいことのようです。

② 二時間目に必ず指導すること

○　傘のしまい方

この日は、置き傘を持って来させておきます。傘のしまい方のポイントは二つです。「傘についている紐できちんと閉じること」と「名前をきちんと紐に書いて、人と間違わないようにすること」です。傘の紐に名前が書いてない場合は、書いてあげます（もちろん、放課後、保護者の人に名前を書いた旨を伝えます。その前に、「名前が書いてなかったら、名前を書きます。ご了承ください」と伝えておくのもいいです）。

ここでは、みんなで、「ぐるっと回して、ぴたっ」の合言葉とともに、傘を紐でとじる練習をします。全員できたら、しっかり褒めて、順番に傘立ての中に入れます。この傘は、置き傘なので、もう一度、自分の傘を取らせ、教室の置き傘置き場に入れさせます。

指導したいことは、「ぐるっと」や「ぴたっ」「とん」「しゅっ」などのオノマトペでサクッと表現します。

（スマイルを増やすキュートな指導21）

○　話の聞き方

話を聞く態度について指導します。

①　先生が前に立ったら、おへそを先生に向けます。（シュッ）
②　背筋を伸ばします。（ピン）
③　先生に目線ビームを送ります。（ビーム）
④　分かったらうなずいたり、微笑んだりします。（うんうん、ニコッ）

子どもたちには、覚えやすいようにオノマトペで教えます。一つ一つやってみて、できたら褒めます。また、お話を聞く約束を決めておきます。例えば、「お話聞いて」と言ったら、「はい、どうぞ」と応えたり、「○組のみなさん」と言ったら、「はい、○○先生」と応えたりして、話を聞く態度になるよう決めておきます。

○　発表の仕方

先生と勉強しているとき、何か言いたかったら、手を挙げることを教えます。「○○さん」と自分が当てられたら、次のように発表しますと言って、発表のルールを教えます。一年生の子どもたちは、多対一の関係ではなく、一対一の関係で接してきます。遠くの方から、「せんせーーい」と呼んだり、話を他の人としているのに、「ねえねえ」と割り込んで話しかけたりします。いつでも自分を見てほしくて、認めてほしくて我慢ができず、当たっていなくても、発表します。それを、いちいち言葉で反応していたら、すぐに騒乱状態になってしまいます。怒鳴らずに、「先生、私を見て」の気持ちを受け止め満足させるためには、その子たちをじっと見つめて掌を見せるだけで、静かになる方法（アンカリング）で我慢させます。手がピンと伸びている子、黙って手を挙げている子を褒めます。大きな声で「○○です」と答えた子や、小さい声だけれど、最後まで言えた子の頭をなでます。子どもを見つめたり、子どもを見て、微笑んだり、声をかけたり、触れたり、話しかけたりすることで子どもたちは、がんばることができます。

○　名前の漢字フラッシュカードでみんなの名前を読ませて返事をさせる

フラッシュカードに子どもたち全員の名前を漢字とひらがなで書いたものを用意します。表は漢字、裏はひらがなの名前にする。カードを見せて、教師が言った言葉を反復させます。名前を呼ばれた子は、名前は反復せず、「はい」と大きな声で答えます。毎日やっていけば、カードを見せただけで、その名前を言い、「はい」と返事をすることができる。あとは、反復せず、見せたら、その子が「はい」と言えるようにします。

名前を言われたら
①　「はいっ」と返事をします。
②　椅子を入れて立ちます。
③　「〜です」と答えます。
④　静かに坐ります。

③　三時間目―図画工作の授業づくり

○　自分の顔を描く

クレパスで、画用紙に自分の顔を描かせます。図工室にある、手鏡を一人一人に持たせ、顔を見させながら、描かせます。先生が、お手本となるように、一つ描いては「はい、どうぞ」と言いながら、描かせます。

まずは、鼻から。茶色や黄土色で描かせます。次は、輪郭、まゆげ、目、口、耳の順にゆっくり描かせます。最後に、髪の毛を一本一本、描かせます。大きな鼻になったり、顔が曲がったりしているけど、大いに褒めます。

○　時間が余ったら

子どもたちも慣れてきて、時間が空いたら、絵本の読み聞かせやパネルシアター、エプロンシアターなどをしたり、ゲームをしたり、カルタをしたりします。

絵本は、教室の本棚に入れておいて、いつでも読めるようにしておきます。読み終わったあと、だれからともなく拍手と「ありがとう」の言葉が出たりするととてもうれしいです。

子どもたちに好評だった絵本（崩壊クラスの子どもが熱中した本には、☆をつけています）を紹介します。

絵本も自分が読みやすいものをチョイスし、気持ちを込めて読みます。

（スマイルを増やすキュートな指導22）

□子どもたちが絵本と一緒のことをして熱狂した絵本

・『できるかな？　あたまからつまさきまで』（エリック・カール作　くどうなおこ訳　偕成社）
・『かおかおどんなかお』（柳原良平　こぐま社）
・☆『さる・るるる』（五味太郎　絵本館）

□子どもたちが大爆笑した本

・『へんしーん』（谷川晃一　偕成社）
・『落語絵本　じゅげむ』（川端誠　クレヨンハウス）

・『さつまのおいも』（中川ひろたか　村上康成　童心社）
・☆『ぼちぼちいこか』（マイク・セイラー作　今江祥智訳　偕成社）

□とにかく大好きで何度も「読んで」とせがまれた本
・『ねずみくんのチョッキ』（なかえよしを作　上野紀子絵　童心社）
・『はらぺこあおむし』（エリック・カール作　もりひさし訳　偕成社）
・☆『ちびゴリラのちびちび』（ルース・ボーンスタイン作　いわたみみ訳　ほるぷ出版）

□絵本の質問に答えて楽しんだ本
・『やさいのおなか』（きうちかつ作・絵　福音館書店）
・『ふしぎなナイフ』（中村牧江・林健造さく　福音館書店）

□言葉のリズムがおもしろくにこにこになる本
・『めのまどあけろ』（谷川俊太郎ぶん　長新太え　福音館書店）
・『もこもこもこ』（谷川俊太郎作　元木定正絵　福音館書店）
・『かえるがみえる』（まつおかきょうこ作　馬場のぼる絵　こぐま社）

【三日目】

学習内容・予定	子どもへの対応	保護者への対応	やんちゃ予備軍への対応
一時間目 ・ならびっこ ・廊下の歩き方 ・職員室と保健室の場所確認 二時間目 ・傘のしまい方 ・話の聞き方 ・発表の仕方 ・名前の漢字のフラッシュカードで返事の練習 三時間目 ・自分の顔を描く	・家から持ってきたお手紙を出させる。 ・トイレに行く。 ・背の順並びをする。 ・職員室の入り方・保健室の約束を知る。 ・傘を綺麗にしまう。 ・話の聞き方・発表の仕方を知り、やってみる。 ・自分の名前の漢字が出たら返事をする。 ・自分の顔を、鏡を見ながら、先生のお手本どおり描く。	・「家庭環境調査表」「保健調査表」「心電図問診票」などを提出する。 ・お手紙がある場合は、すぐに返事をする。 ・帰りの連絡やいろいろな連絡をメモし、覚えておく。 ・心配な場合は電話をしてしっかり聞く。 ・よかったことをした子どもに一筆箋を書く（一週間で全員分書けるようにする）。	・とにかく笑顔で対応する。 ・とにかく褒める。 ・お手本にする。 ・立ったり坐ったりの動作をたくさん入れる。 ・よくできたらすかさず褒める。 ・よくないことをしたら、立たせ、自ら謝るよう促し、謝ることができたら褒める。 ・おもしろいゲームをする。 ・読み聞かせをする。

♥4　効果的な授業アラカルト紹介

1　一学期―自習にトライする時

①　初めての自習―みんなでできるかな?

出張で留守にするとき、私は、いつも「おるすばんメモ」というプリントを一人一人に渡してその日にやる課題を知らせています。そのプリントは「出して帰る」ことを約束しておきます。「必ず、みんなのお手紙を見ますからね」と言っておくと、私がいなかった一日で、一番心に残ったことやったこと、思ったことを書く欄にいろいろな思いを書いています。

「かんじスキル」（※１）は光村出版から出されている漢字練習帳です。一学期は、「ひらがなスキル」「カタカナスキル」のやり方を教えます。国語の授業時間五分を新出漢字学習にあてています。「指書き」→「なぞり書き」→「写し書き」→「忍者書き」、そして、「空書き」チェックの方法を子どもたちがマスターし、そのやり方で、どんどん漢字練習をしています。

「うつしまるくん」（※２）も光村図書出版から出されている視写教材です。子どもたちは、シーンとして視写をします。巻末に長文の視写がありますので、これを早く終わった子にさせています。原稿用紙はいつも学校の印刷室の棚に置いておくと、便利がいいです。

「なんもんプリント」（※３）は、五問中、一問を解くプリントです（電子書籍「ＴＯＳＳメディア」からダウンロードできます）。

「ペーパーチャレラン」（※４）もルールにのっとってやる算数や国語ゲームプリントで、得点で一位、二位を競います。良い点数が出れば、順位が入れ替わるので、子どもたちは、一位になろうと必死でがんばります。

「うつしまるくん」の「一〇分ししゃ」（※５）は、ページの上にあるお手本文を一〇分間で何文字きれいな字で視写できるか挑戦するものです。一〇分経ったら、自分が書いた文字を数え、色を塗り、自分は一年生レベルに達しているか一目で分かるようになっています。

プリントだけではなく、マスコットであるさるのぬいぐるみ「きょうちゃん」を先生の机の椅子に坐らせ、見ているオーラを出します。

おるすばんメモ　　１の４（　　　　　　　　　）

７月１日、きょうは、せんせいは、「にんげんドック」といって、からだのけんさをするために、１日、びょういんにいくので、がっこうにはきません。みんな、ちからをあわせて１日をたのしくなかよくすごしてください。なにかしてもらったら「ありがとう」とえがおをわすれずに！

《あさのかい》
８じ１５ふんになったら、あさのかいです。
それまでに「しおり」「しゅくだい」「けんこうカード」をきゅうしょくだいにおきましょう。

《あさがくしゅう》
８じ３０ぷんからあさがくしゅうです。
れんらくちょうをかいて、「かんじスキル」（※１）の「日、口」をやりましょう。
ゆびがきがだいじ。

《１じかんめ　こくご》
「うつしまるくん」をやりましょう。
おわったら、「うつしまるくん」（※２）のさいごのページのししゃをどんどんやりましょう。

《２じかんめ　さんすう》
○○せんせいがきてくださいます。
「なんもんプリント」（※３）をもらって、どんどんやりましょう。１００てんになったひとは、「ペーパーチャレラン」（※４）をしましょう。

《だいきゅうけい》
そとでしっかりあそびましょう

《３、４じかんめ　ずがこうさく》
① ぼうる・つつ・はこ　をなんこもつくる。
② あわせて３０こできたら、３０こすべてくみあわせておもしろいものをつくります。
③ たりなかったら、どんどん、まる、つつ、はこをつくってもいいです
④ かんせいしたら、オープンスペースにならべておきましょう。
⑤ じかんがあまったら、あのねのかみにすきなものをいっぱいかきましょう。

《きゅうしょく》
しょくじのまえには手をあらいましょう。
きゅうしょくとうばんさん、おねがいします。

《ひるきゅうけい》
おともだちとたのしくあそびましょう。

《そうじ》
みんなできょうりょくしてきれいにしましょう。

《５じかんめ　しょしゃ》
「うつしまるくん」の「１０ぷんししゃ」（※５）をやりましょう。
にっちょくのＡくん、タイマーセットをよろしくおねがいします。
「１０ぷんししゃ」を２かいやったら、きょうあったことをかきましょう。

《帰る時間になったら、「さようなら」をします。》
せんせいへのおてがみ

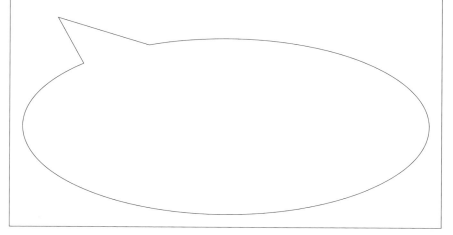

○ 出張があった翌日、連絡帳を開けますと、赤鉛筆でお手紙がありました。

「かさい先生へ
しゅっちょうは大へんでしたね。
はやくからきゅうしょくを食べていかれましたね。
いえにかえるころはつかれはてたでしょうね。
ゆうかより。　　太好き」

こんな赤鉛筆のお手紙に私も赤鉛筆で答えました。しっかり見てみると、「つかれはてたでしょうね」というのは、学芸発表会で行うオペレッタ「手ぶくろをかいに」の台本に書かれていたお母さんキツネのセリフでした。耳で聞くだけかと思いきや読んで、声に出し、それを聞いて手紙に書くことができていました。その成長ぶりにびっくりです。

さらに、目を凝らして見ると、「大好き」が「太好き」で「大」ではなく「太」という字が書かれている。太く好きって、私の全てが好きみたいでうれしくなってきました。子どもの手紙は私のコメントの数倍も尊いです。

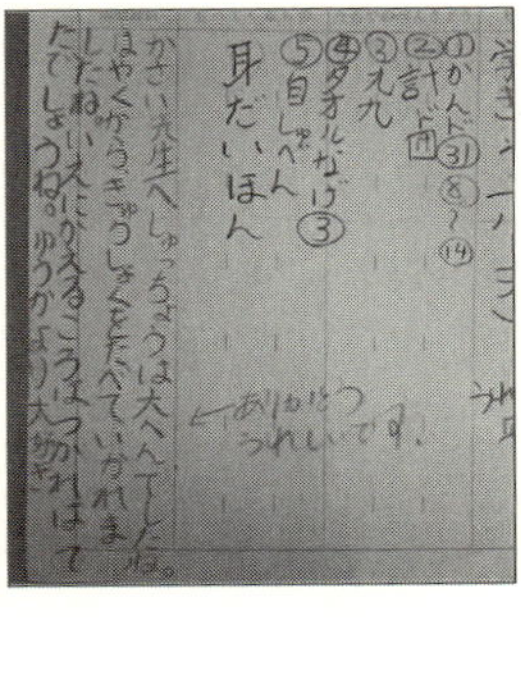

出張中も先生が見てますよオーラをプリントやマスコットに込めて出しまくります。

（スマイルを増やすキュートな指導23）

2　二学期—「できる」と「わかる」を助ける教材アラカルト

一年生は、いろいろな初めてのことを学びます。しかも、話言葉や長い説明では、わからない子が多いので、

「できる」や「わかる」を助けるたくさんの良い教材に助けられました。

○　さか上がりは「くるりんベルト」を使って

授業でさか上がりを行いました。二十八人の子どもたちに、

「さか上がり、できるようになりたい人？」

と聞くと、全員が手を挙げました。そこで、私は、くるりんベルトを出して言いました。

「ジャジャーン。これがさか上がりができるようになる、魔法のベルトです」

一人の女の子が、「テレビで見たことがある！　これ、すぐにさか上がりができるようになる」と興奮気味に言いました。

私も「そうです！」と興奮気味に言いました。

二十八人のさか上がりができない子どもが、まず、一人三回ずつやりました。

一回目、ちょっとだけ、私が足をもったりお尻をもったりして支えた子もいますが、全員がくるりんと回る体験をしました。二回目は、足をもつ子が減りました。三回目、三人できました。「わー、できたー」とすごく喜びました。

三十分練習して、できた子が九人、いました。そのうち、お尻がよく上がっていた子、三人に「これは、くるりんベルトなくてもできるかも！」となしでやらせてみたら、ひょいっとできました。さらに、「できた！」「できた！」と大騒ぎでした。

「先生！　生まれて初めてできた！　うれしい！」と言って、みんなの前でピョンピョン飛び跳ねました。

私は、「よかったねえ」と笑顔でうなずきました。

テレビでベルトの威力を見ていた子どもは、くるりんベルトをつけて、テレビで見たように、大きく足を蹴り上げました。そして、くるんと回れたので、「これが、さか上がりかあ。最高だね」と嬉しそうに言いました。

さか上がりができた子ども三人の連絡帳には、

「さか上がりができました。テレビに出ていたくるりんベルトを使って、ちょっとやったら、その補助具なしでできました。さすが○○さんです」と書きました。

くるりんベルトを使って、私の補助なしで、さか上がりができたあとの六人には、

「テレビに出ていたくるりんベルトを使うと、さか上がりができました。もうちょっと練習すれば、絶対にくるりんベルトなしで、さか上がりができます」と連絡帳に書きました。

ちょっと補助をしたけど、さか上がりができた残りの十九人全員に

「テレビにも出たくるりんベルトを使ってさか上がりをしました。私がちょっと手を添えただけで、さか上がりが、できました」と書きました。

次の日、私が書いた連絡帳の続きに、さか上がりができたお礼がたくさんありました。向山洋一先生がコメントで書かれたとおり「子供と保護者から信頼がもらえた」のでは？　とうれしく思いました。

連絡帳には、以下のようなお手紙がありました。

「本当ですか？　先生がベルトを使ってくださったおかげですね。カルタに、ベルト、先生がやるものは全てうちの子にヒットです」

「先生はできない子が多いクラスを受け持って近所のお母さんたちが言っておられました。やっぱりね！！（うちの子いろんなことできませんから先生よろしくね）」

「先生のおかげで子どもは、楽しく学校生活を送れています。人のことが思いやれなかった子どもも、家族のことを考えて行動するようになっています。これからもずっとずっとご指導をよろしくお願いします。」と書かれていました。

子どもの日記には

「さかあがりができました。あんしょうができました。算数もできました。みんなみんな、おどろいています。そして、みんなみんなよろこんでいます。」

と書かれていました。

くるりんベルトを使って、一人三回試しただけで、たくさんの嬉しい言葉をいただけました。

「家の庭に鉄棒の器具を設置して土日やった」という、ご家庭までありました（驚きです！）。

子どもができるようになる「くるりんベルト」などの教材・教具を使います。

（スマイルを増やすキュートな指導24）

① 初めての当番・係・会社活動

二学期から、当番・係・会社活動を行いました。向山洋一先生が、『新版　学級を組織する法則』（学芸みらい教育新書）で書かれていることを一年生に分かりやすく話をしました。

「今日から、一年生のみなさんは、六年生さんがやってくれていたことをやりますよ。六年生さんはどんなことをしてくれていましたか？」（「おそうじ」「給食」「やさしくしてくれた」）

「そうね。『おそうじをすること』を『そうじ当番』、『給食をすること』を『給食当番』と言います」（「へー、やりたいやりたい」）

「そして、もう一つ、先生がやっている仕事で、みんながきるお仕事をがんばってやってくれる係もします。

それはね、黒板を消したり、落し物を拾って届けてくれたり、ノートとかみんなのものをみんなのところへ届けてくれるお仕事です。『黒板係』『落し物係』『お届け係』です。そんなお仕事、他にもあるかなあ？」（「電気をつける係です」「窓を開ける係です」「先生の机がぐっちゃになっている時に、きれいにする係です」）「はい。そして、もう一つ！　みんなで会社をつくってもらいます。この会社はやりたいことや好きなことをみんなにやってもらう会社です。楽しい絵を描いてみんなに見てもらう『美術館会社』とか『しょくぶつずかんを見てクイズを出してくれるクイズ会社』とかね。みんなそんな会社作りたい？」（「つくりたーーい」「やりたーーーい」）

そして、ルールを言いました。

【会社活動のルール】

① 会社だから、社長さんが必要です。

② この会社は何人でも作れます。たった一人でも作れます。

③ 後片付けまでが会社の仕事です。

④ いろいろな会社に入ってもかまいません。

⑤ 先生が全体の会社の会長だから、困ったことがあったら、先生に言いに来てください。

「会社活動は、クラスや学校を自分たちで楽しく、面白くするために、先生ではなくて、みんなでやっていくものです」と付け足すと、子どもたちはいろいろ考えました。

・ダンス会社（休憩中、音楽をかけてみんなにダンスを見てもらう）

・コンテスト会社（いろいろなコンテストを行う）

・教室飾り付け会社（わっかやリボンで教室を飾る）
・ラブレター会社（うれしい手紙をこっそり届ける）
・どっきり会社（一日だれかにいいことをしてドッキリさせる）
・お笑い会社（コントを給食中にする）
・めんこをつくってあげる会社（めんこをつくってみんなにあげて遊ぶ）

職場体験に来ていた中学生が、「外で遊べると思っていましたけど、このクラスは外が嫌いなのかな？」と言うくらいどの子も熱中していました。

ラブレター会社から早速二通、「笠井先生、いろいろと教えてくれてありがとうございます。好きです」というラブレターが届きました。

コンテスト会社による「笠井先生の似顔絵コンテスト」では、最終決戦として、三枚選ばれたものの中から投票が行われました。

② 初めての「五色百人一首」

今なら、「ソーシャルスキルかるた」を六月くらいから行い、二学期の最初は、「名句百選かるた」をして、俳句に親しませ、二学期から、「五色百人一首」に取り組ませます。「五色百人一首」は、百首が二十首ごとに色で分けられていますので、隙間時間に青色なら青色の二十首だけ、橙色なら橙色の二十首だけすることができるし、先生が読み手なので、先生の言うことをじっと聞き、楽しく対戦でき、学級がまとまります。男子と女子を対戦させると男女の仲がよくなります。やんちゃくんと優等生女子の組み合わせはとても微笑ましいです。

毎日、楽しみにしている子もいます。「先生、一つ覚えてきたから聞いて!」と朝から、謡い出す子もいます。「五色百人一首をします。青色」と言うと、百人一首係さんが青色を用意して待っています。

やんちゃくんの一人は取りたくて、取りたくて、でも、女子に負けて取れなくて、札をぐっちゃ、ぐっちゃにする子もいますが、一首覚えてそれが取れた時の喜びは格別なようで、五色百人一首が大好きになります。

毎日、毎日やっていくことで、上の句を一文字言っただけで、「はい!」と取る子が出てきます。

ある時、女子に負けてしまったTくん。「Nちゃん、絶対、ズルした。おれ、見とったもん」「もう、やらんわい」とカーテンにくるまって泣きました。

その横では、自分が取りたかった札だけしか取れていないのに、満足そうにしている子もいます。賢い女の子が取ろうとするのを素早くキャッチし、その手の下に潜り込まそうとしているのが、一番やんちゃなKくんです。「明日は勝ってやる!」と雄叫びをあげている子もいます。

カーテンにくるまって泣いていたTくんは、そんなみんなの声を聞いて、五分後には、カーテンから「ごめんなさい」と出てきました。ドッジボールでも、めんこでも負けたら、かんしゃくを起こし、大暴れするTくんが、五色百人一首で負けを認め、謝ることができました。変わっていく瞬間がこの時でした。

③　いじめの「語り」

学童保育で一年生の男の子四名が、耳の不自由な男の子の話す言葉がおかしいと真似をしたり、笑ったりして、注意をしてもやめない、お母様も悲しんでおられるとの話を放課後、聞きました。

次の日の朝、朝会が終わってすぐに子どもたち全員を学年ワークに集めました。

何も言わずに、子どもたちが坐ったらすぐに話を始めました。


いきいきこどもクラブ（学童保育の名前）で、耳の不自由なAくんは今、言葉を話す練習をしています。「いただきます」と「ごちそうさま」はよく使う言葉で何度も練習をしていますが、なかなかうまく発音することができません。

そんな一生懸命がんばっているAくんがしゃべる言葉を真似て、同じように言ったり、笑ったりする人がいるそうです。

それなのに、言葉を真似たり、笑ったりを、何回も繰り返す。毎日のように繰り返す。いきいきの先生が何度注意してもやめない子がいるそうです。

先生は、その話を聞いて心が悲しく悲しくなりました。残酷だなと思いました。笠井先生がAくんのお母さんだったら、怒って学校に電話し、「うちの子どもをいじめた子たちを絶対許さない！」と言います。

みなさん、どう思いますか？

一年生は、四クラスあるので、一クラスずつ四人にあてました。

「いじめは、やってはいけないって分かっているのに、やることが悲しい。ぼくは、いじめはしたことはないけれど、いじめられたことはあるから、いじめられた人の気持ちがよくわかる」

「今、テレビで、いじめで、死んだ人がいると言っています。その子がいじめで死ぬかもしれないです。絶対してはいけないことです」

子どもたちの話を聞きながら、迷っていたのですが、向山洋一先生が、向山塾のセミナーでお話ししてくださり、向山洋一先生の本で読んだことのある「爬虫類・哺乳類の脳・人間の脳」の話をすべきだと思いました。

私は、この話を聞いたとき、向山先生の話を視写し、ビデオ「46億年の贈りもの」を見ました。そして、向山先生だったら、こんなふうに話すかなと思いながら、話そうと思いました。

向山先生は、黒板に脳の図を「簡単に書くのである」とSNSダイアリーに書かれていましたが、ワークスペースに集めましたので、黒板がありませんでした。そこで、私は、子どもたちの話が終わったら、拳を子どもたちの前に出し、「これがみんなの脳です」と、グーの手で説明を始めました。

この人差し指でできた穴のところ、ここが爬虫類の脳、へびの脳です。この脳は、心臓を動かしたり、食べ物をこなごなにしたりしてくれる脳です。食べたり、飲んだり、うんこを出したりする脳です。

この爬虫類の脳のまわりを囲むここが、哺乳類の脳、犬やネコの脳です。この脳は、人間に好き好きってなつく脳です。仲間がわかる脳です。

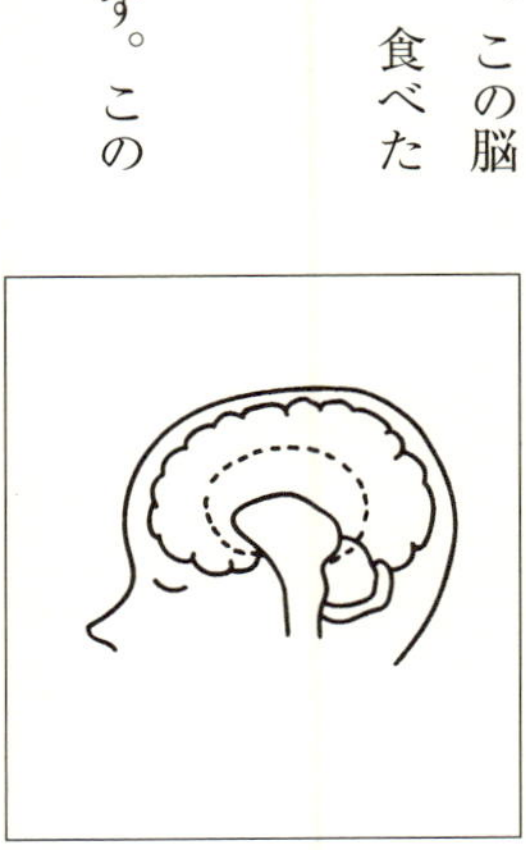

最後にここ（グーを握って見せます）。ここは、人類の脳です。この脳は、弱い人を助ける脳です。弱いものをかばうことができる脳です。

人間しかもっていないとてもすごい脳です。

みなさんは、そのすごい脳をもっているのです。弱いものを助ける脳をもっているはずです。

犬でも、弱い人間を助けることができます。ライオンでも、足が不自由なライオン、仲間を助けることができることを笠井先生はビデオで見て知っています。

あなたたちは、弱いものをかばうことができるのに、弱いものを助けることができないなんて、動物以下です。

話はこれだけです。五分、一時間目に入ってしまいました。申し訳ございません。すぐ、一時間目のしたくをしてお勉強をしてください。


話し終わると、私のクラスの子どもが、「ふーーーーー」と深く息を吐きました。だれも、何も言いませんでした。ただ、聞いていました。そして、みんな、黙って帰っていきましたが、マネをしていた四人が頭をうなだれて残っていました。

私のクラスのやんちゃくんが、

「先生、ぼくは、マネはしていないのだけど、名前を呼び捨てにしたから悪いと思う」

と私のところへやってきて言いました。

五人に何をしたのか聞きました。学童保育の先生からの電話の話どおりでした。

「どうしましょうか?」と五人の子どもたちに聞くと、「謝りに行きます」と言いました。

私は、「一時間目が始まっているので大休憩に謝りに行きましょう」と言いました。

大休憩、「Aくんは、ことばと聞こえの教室だよ、先生」と子どもが言うので教室まで、五人と一緒に行きました。

Aくんが教室から先生と一緒に出てきました。五人は一人ずつ謝ろうとしたのですが、Aくんは、会話が聞こえなくて不思議な顔をしました。私は手話ができるので、一人ずつ言った言葉を手話で表現しました。

一年生でも、きちんと話をすると、心に響くのだと思います。


語りで子どもの心に訴えかけます。（スマイルを増やすキュートな指導25）

④　「第二あゆみ」をつけよう

『向山式家庭学習法Ⅱ』（主婦の友社）に向山先生が作られた「第二通知表」ともいうべき、「あゆみ」の項目が載っています。この項目に書かれたことを見れば、その子が思っていること、がんばったこと、見えない力が見えます。この「第二あゆみ」のいいところは、四つあります。
いいこと①　自分だけの評価と周りから見ての評価（先生の評価欄）があります。自分に厳しい子は先生がいい点をつけられるので、安心します。

いいこと②　Aが「いいぞ」、Bが「もう少しだな」、Cが「がんばれよ」で、どれも自分を励ます言葉です。評定しているようで、励まされています。

いいこと③　ABCの評定だけではなく、文章記述の欄「ひとこと」があるので、自分が教えたい理由や自分について思っていることを言葉にすることができます。

いいこと④　「歯をくいしばってがんばってみましたか」「『係り』の仕事を工夫しましたか」「『このことは、まかせておけ』という得意なものがありますか」など、具体的で一つ一つを説明しなくてもいいようになっています。

評価の観点は以下のとおりです。

1　授業中、手をあげましたか。（A毎日、Bときどき）

2　わからないとき、友だちや先生に聞きに行きましたか。

3　勉強していることを、本で調べたり図書館に行ったりしたことがありますか。

4　先生の質問に、あれこればかげたくらいのことまで考えましたか。

第一章・体験が子どもに何を与えるか

あゆみ

氏名(　　　　　　　　)

評《ひょう》価《か》の観《かん》点《てん》	ひとことでいって	1学期《がっき》		2学期		3学期	
		自分《じぶん》	先生《せんせい》	自分	先生	自分	先生
1　授業中《じゅぎょうちゅう》，手《て》をあげましたか。(A毎日《まいにち》，Bときどき)							
2　わからないとき，友《とも》だちや先生《せんせい》に聞《き》きに行《い》きましたか。							
3　勉強《べんきょう》していることを，本《ほん》で調《しら》べたり図書館《としょかん》に行《い》ったりしたことがありますか。							
4　先生《せんせい》の質問《しつもん》に，あれこればかげたくらいのことまで考《かんが》えましたか。							
5　水泳《すいえい》や鉄棒《てつぼう》や漢字《かんじ》など，苦手《にがて》なことを歯《は》をくいしばってがんばってみましたか。							
6　今《いま》まできらいな勉強《べんきょう》で，すきになったものがありますか。							
7　「このことは，まかせておけ」という得意《とくい》なものがありますか。							
8　いろいろな本《ほん》を読《よ》みましたか。							
9　ノートは，ていねいに書《か》いていますか。							
10　漢字《かんじ》の練習《れんしゅう》を毎日《まいにち》やっていますか。							

21

A…いいぞ　B…もう少しだな　C…がんばれよ

評《ひょう》価《か》の観《かん》点《てん》	ひとことでいって	1学期《がっき》		2学期		3学期	
		自分《じぶん》	先生《せんせい》	自分	先生	自分	先生
11　休《やす》み時間《じかん》は，外《そと》で遊《あそ》びましたか。							
12　仲《なか》のいい友《とも》だちがいますか。							
13　「ありがとう」と言《い》われたことがありますか。							
14　「係《かか》り」の仕事《しごと》を工夫《くふう》しましたか。							
15　遊《あそ》びやスポーツなどで，挑戦《ちょうせん》したものがありますか。							
16　片《かた》づけ仕事《しごと》などを，終《お》わりまでやりましたか。							
17　できない人《ひと》，わからない人《ひと》に，教《おし》えたりはげましたりしましたか。							
18　「おはようございます」「さようなら」のあいさつができましたか。							
19　家《いえ》で学校《がっこう》のことを話《はな》しましたか。							
20　前《まえ》の自分《じぶん》とくらべて，努力《どりょく》するようになりましたか。							

5 水泳や鉄棒や漢字など、苦手なことを歯をくいしばってがんばってみましたか。
6 今まできらいな勉強で、すきになったものがありますか。
7 「このことは、まかせておけ」という得意なものがありますか。
8 いろいろな本を読みましたか。
9 ノートは、ていねいに書いていますか。
10 漢字の練習を毎日やっていますか。
11 休み時間は、外で遊びましたか。
12 仲のいい友だちがいますか。
13 「ありがとう」と言われたことがありますか。
14 「係り」の仕事を工夫しましたか。
15 遊びやスポーツなどで、挑戦したものがありますか。
16 片づけや仕事などを、終わりまでやりましたか。
17 できない人、わからない人に、教えたりはげましたりしましたか。
18 「おはようございます」「さようなら」のあいさつができましたか。
19 家で学校のことを話しましたか。
20 前の自分とくらべて、努力するようになりましたか。

保護者懇談会でもこの項目を紹介すると、「これを家庭教育の指針にして子育てしたいです」と言われた保護者がおられました。

第二あゆみで評定・評価し、見える化します。（スマイルを増やすキュートな指導26）

3　三学期―こんな授業が盛り上がる！

○　なわとび級表

初めての冬休みに体力づくりとして、「なわとび」の課題を出しました。冬休みにたくさんなわとびをして、「なわとび級表」にたくさん色を塗ってきたので、名簿一覧表を作成し、朝、黒板に貼りだしました。級が上がっている子が女子に多かったのに、気づいたやんちゃくんが「え？　女子、すごくない？　こんなに二重跳びができるんか？」と驚いていました。

一級まで埋まっている子が女子ばかりというのに気づいた男の子たちは、「すっげー」「○○さんも一級？　おれ、がんばる！」と、すごく燃えていました。

ドッジボールでは、女子のコートが広くても、その広い場所から全員にボールを当てる男子たちです。そうとう悔しかったはずです。名簿を貼り出した日の大休憩は、男子は、なわとびを持って運動場へ走って出て行きました。

女子は、毎日、誰かが級を上げ、一覧表の色がどんどん増えています。男子は、それを横目で見て、毎日、休憩中はなわとび練習に励んでいました。

○　百玉そろばんで繰り上がりの計算も繰り下がりの計算もクリア！

繰り上がりの計算

・6（6玉、左に入れる）たす7（7こ玉を6玉の下に入れる）は

・6と4で10（6玉と7の玉のうちの4つを右側に持ってくる）

・3残っているので、13

子どもたちは次々、繰り上がりの計算をやっていきます。

一年生のとき、学級崩壊したクラスは、「授業中、おはじきで遊んで困った」「算数の授業が終わったら、いっぱいおはじきが床に散らばっていた」「磁石のおはじきで授業とは関係ないものを作っていた」「説明している間にいろいろなことが起こって大変だった」と聞いていました。

でも、百玉そろばんだと、黙って静かにやりました。繰り下がりの計算もバッチリでした。

私の出す問題に「せんせーーい。できたよ！　これ見て！」と呼びます。

自分からどんどん説明をしだします。

「面白い！　もっとできるよ！　楽しい！」と言います。

「じゃあ、18引く9は？　できる？」「できないよね。降参だよね」という私の挑発に、「絶対、できる」と大きな声で答えたのは、算数が苦手なHくんでした。

すいすい玉を動かしてさらっと答えを出しました。そして、ピースをして私にアピールをします。机まで行くと、得意顔で式の説明をしました。

チャイムが鳴ったので「終わります」と言うと、「ええええええ、もう終わり？　もっとしたい」とどの子もぐず

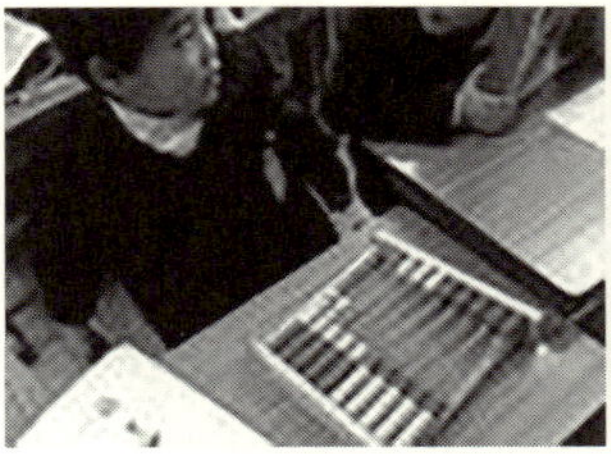

ぐず言いました。

○　特別支援ボランティアの大学生さんの手紙より効果のあった方法を知る

一年間、特別支援ボランティアとして、私のクラスに週一回入ってくれていた広大生Mくんが、私にお礼の手紙をくれました。

＊＊＊＊＊＊＊＊＊＊＊＊＊＊＊＊＊＊＊＊＊＊

ぼくが、八月から十月まで、カンボジアに行っている間に何があったのかと思うくらい、クラスが激変していました。十月に教室に入ったときは、「あ、クラス間違えた」と思い、教室を出たほどです。

先生の言葉が何回言っても全く変わらないこと、やることが黒板に短い言葉で示されていることが、子どもたちにとって、よかったことなのではないかなと思います。

先生が言われることはずっと同じでした。

「日にち、ページを書いた人から立ちます」

騒がしいときは、先生が、「お話聞いて」と言い、子どもたちが、「はい、どうぞ」と言ってから、話をされました。

「〜〜をします」「〜〜だからです」とテンポ良く、指示を出されていました。発問は、いろいろ変わらず同じ言葉をずっと言われていました。

何をするかが分かり、それをしたらどうなるのか、最後までやったら、必ずできるようになるということが、子どもたちにも分かっているから先生の言うことを聞くようになったのだと思いました。

また、先生方の協力体制がすばらしいということ。先生は、一人で何もかもしようと思っていない。先生全員で、子どもを育てようとされていたことがよかったのだと思います。

それが、この子たちが、激変した理由なのではないかなと思います。
一年間、ありがとうございました。

＊＊＊＊＊＊＊＊＊＊＊＊＊＊＊＊＊

この手紙は、私が、一年生で学級崩壊をしたクラスを二年生になって受け持った時に支援に入ってくれた広島大学の学生さんのものです。私は、広大生Mくんの手紙を読んで、校長先生や教頭先生、専科の先生やことばと聞こえの先生方、学年の先生方が支えてくれたおかげだった。一人でがんばったとちょっと思い上がっていたんじゃないかなと思わされました。

校長先生は、「あの子達がいい子になるのなら」と、私のやり方を否定されはしませんでした。何をやるのも、すべＯＫでした。

教頭先生は、いつも「テンポのよさ」を褒めてくださいました。いろいろな会議での私の発言に一番に賛成してくださいました。

ことばと聞こえの先生は、私の性格（褒められれば、うれしがってどんどんやっていく）を知っているのではないかと思うくらい褒めて、褒めて、褒めてくださいました。いつも、「先生は、さすがよね。本当にいい授業しているよ」と笑顔で言ってくださいました。

やんちゃなWくん、Kくん、わがまま娘のRちゃんのことばと聞こえの教室でのお勉強も私のやり方どおりに個別に指導してくださっています。

四月は、Mちゃんが、よくかんしゃくを起こし、それに、反応する子もいて、「うぎゃー」と私がなりそうなときに、広大生MくんがMちゃんのそばにずっといてくれて助かりました。週一回、午前中だけだったけど、Mくんがいてくれてほっとした日もたくさんありました。お手紙の言葉もほっこりしました。

たくさんの人の力を借ります。自分一人の力でよくしようなんて無理、無理。「助けてください」と言います。

（スマイルを増やすキュートな指導27）

○　しょくぶつはかせで春見つけ

ＴＯＳＳメモを綺麗に破り、「わくわくずかん　しょくぶつはかせ」図鑑をもたせて、春見つけをしました。

ＴＯＳＳメモを一人一ページずつ渡すと、花と「わくわくずかん　しょくぶつはかせ」とＴＯＳＳメモとにらめっこをして記録していました。「わくわくずかん　しょくぶつはかせ」の裏に書いてあるものさしで花びらの大きさを測り、測りにくいからとＴＯＳＳ定規を取りだし、満足げに私を見ていました。

植物の名前が分かったら、大きな声で名前を言っていました。

① 生活科―みんなでうんうん考える問題「みかんの切り口」

生活科のまとめで、昆虫名人や植物名人の発表のあと、きうちかつ『やさいのおなか』（福音館書店）を読みました。それだけでは、もったいないので、やりたかった「クイズ面白ゼミナール」の向山洋一先生のみかんの切り口問題を子どもたちに言ってみました。

「みなさん、今、いっぱいやさいのお腹見ましたね。では、みかんのお腹はどうなっているかな？」と聞いてみました。横から切った絵を黒板に描いてみんなに見せると、「それなら、お弁当に入ってるの見たことあるよ」と大喜びをしました。

「じゃあ、真ん中よりちょっとはしよりに切ったら？　どんなお腹をしているでしょう？」と言いました。すると、「えー！　一緒だよ」と大きな声で言うので、「本当かな？」とじらすと、「えええ？　先生、切ってみて！」とワイワイうるさくなりました。

「切りません。みんなでどんなお腹なのか考えてください」と言うと、隣の子とノートに絵を描いたり、黒板の前に来て話したり、もう一回絵本『やさいのおなか』を見たりと大騒ぎでした。

ずらっと並んだ黒板の断面図を前に「答えは言いません」と言うと、大ブーイングが起きました。

Tさんが「うちには腐るほどみかんがあるけえ、切ってみる」と言ったので、「まあ、『腐るほど』って言うんじゃありません。『食べきれない』ほどみかんがある、と言うんです」と言うと、子どもたちは、「腐るほどだって！」と大笑いしていました。

一年生の子どもたちも大騒ぎした問題でした。楽しい二十分間の生活の時間でした。

次の日の連絡帳には、「みかんを切りました」「何個もみかんを切りました」というお手紙がいっぱい届きました。

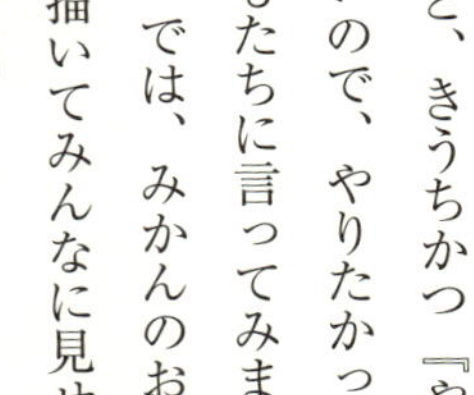

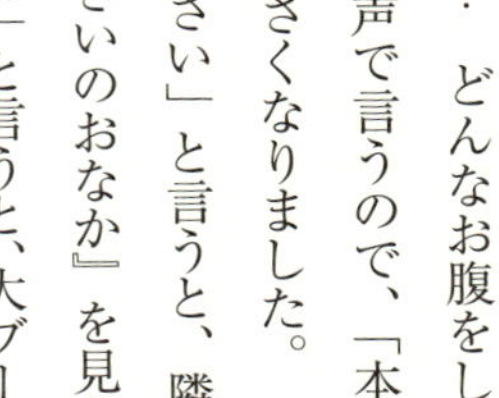

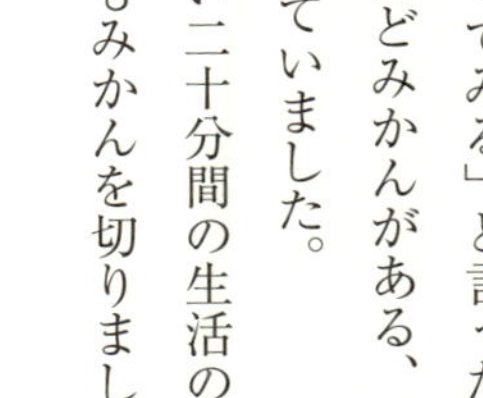

知的な活動でおうちの人も巻き込みます。（スマイルを増やすキュートな指導28）

② 脳トレカード名作5選―起承転結絵合わせで頭が元気になる

コロンブスの話はクラスの子どもが誰も「知らない」と言うので拡大コピーをし、脳トレカードの裏の物語を絵と合わせながら読みました。

それから、この絵の拡大コピーを黒板にばらばらに置きました。

「お話通りに並べられる人？」と聞くと、「やりたい！　できる！」と手を挙げる子がいっぱいいました。

最初は、読書大好きっ子のＹくんにあて、並び替えさせました。そして、絵に合わせてお話がしたいという子にお話をさせました。

聞いている子どもたちは、「そうそう、合ってる」と言いながら、聞きました。

絵カードの裏の物語文には、「１４９２年8月にスペインを出て、１４９２年10月に着いた」とあるのだけれども、話をした子どもは、「2か月かけて、航海し」と言い換えたので、驚きました。国旗博士のＩくんです。「へえ！　すごいね」と驚くと得意そうに笑いました。

次に、ごそごそ動くのが大得意のＷくんが「やりたい」と手を挙げたので、あてると、「えっと、こうでしょ、次がこう」とすいすい並び替え、満足そうに鼻を膨らませて私を見ました。

「合ってる？」とみんなに聞くと、「Ｗくん、合ってるよ。すごいねえ」と言われ、もっと嬉しそうな顔をしました。

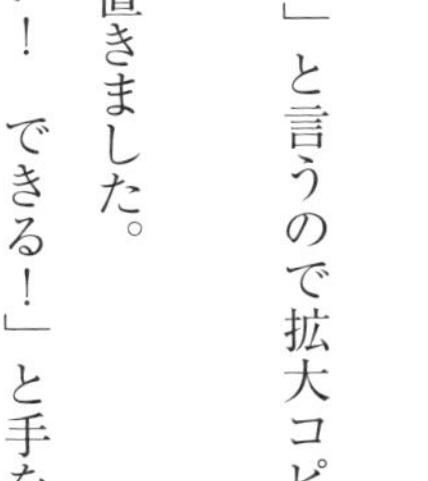

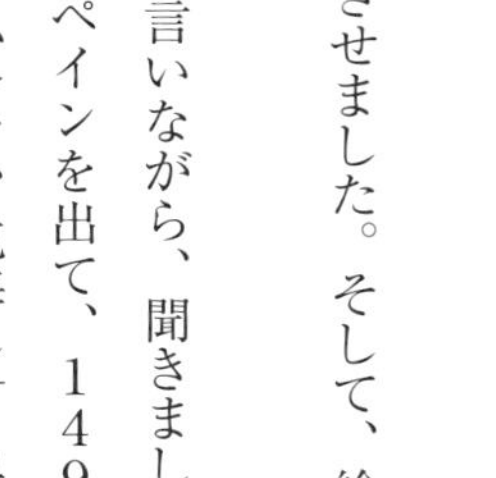

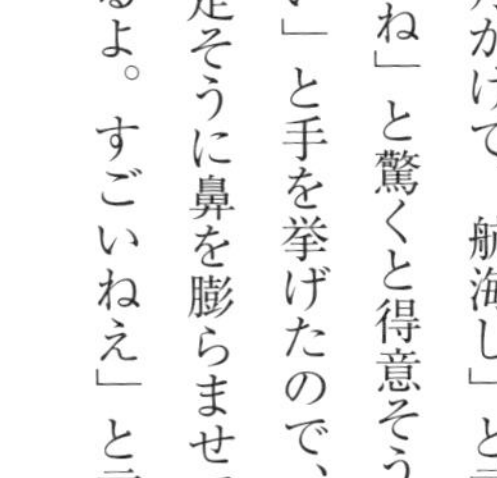

「お話できる?」と聞くと、「できない」と言い、恥ずかしそうにしたので、「お話、できる人?」とみんなに聞きました。すると、Sくんが手を勢いよく挙げましたので、Sくんに当てて話をさせました（あまり、手を挙げないのに、この時ばかりは、自信満々に手を挙げました）。みんな、Sくんの話をうんうんと頷きながら、聞いていました。「みんな、お話にも書いてあったし、みんなも、コロンブスさんは『黄金の国ジパング』に行きたかったけど、って言っているけど、『黄金の国ジパング』ってどこか知っている?」と聞くと、国旗博士のIくんも知らないと言いました。「マルコポーロっていう人がね…」と楽しくお話をしました。子どもたちは、どの子も「うへーー。そうだったのかあ」と驚きました。

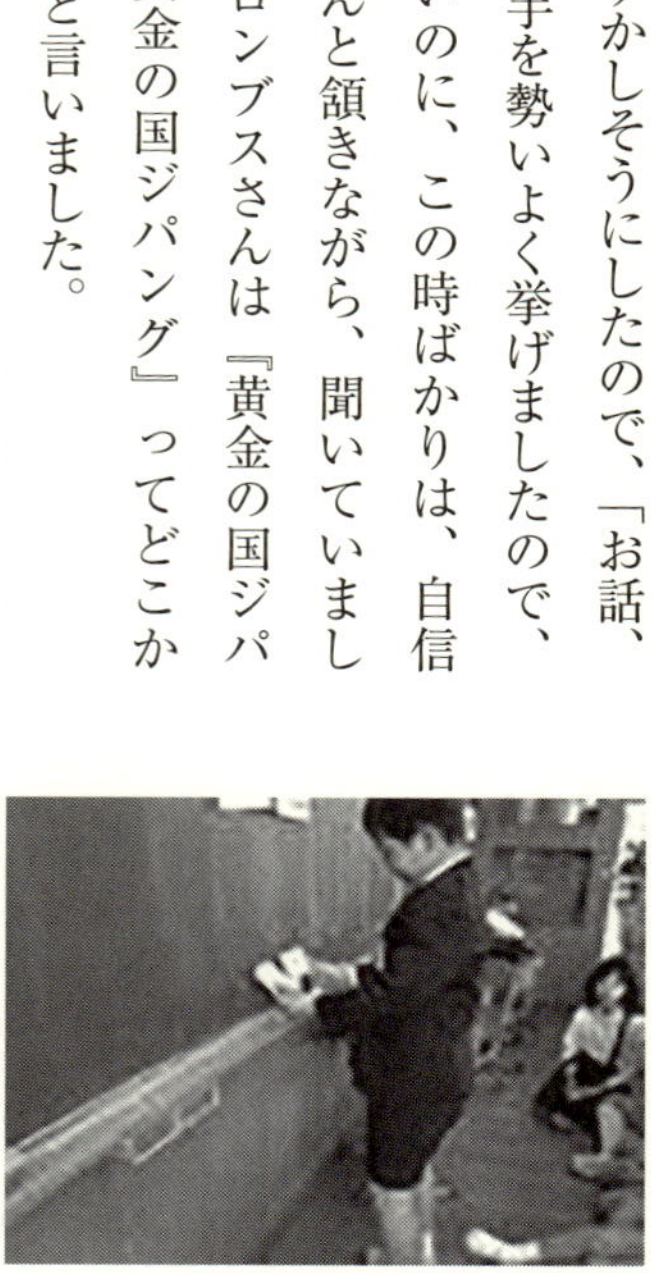

子どもも黒板の前に立たせて、ヒーロー、ヒロインにします。

（スマイルを増やすキュートな指導29）

③　写真文章俳句

Cさんが、自主勉強で絵を描いて説明を書き俳句を書いてきました。

ネコヤナギが、プクプク出ているよ。やっぱり春はいいねーーーー。フキノトウもめをだしてならんでいます。ネコヤナギ　プクプクならんで　兄弟かい?　春がたっくさんあるからまよっちゃいました。こんなに春があるなんてびっくりしてしまいました。春はやっぱりすごいなあとかんしんしてしまいました。こんなにあるんだったら、家でもさがしてみます。

「あら？　これ、絵を写真にすると、立派な写真文章俳句になるんじゃないかな」と思いました。

「春見つけ」をしながら、「ぼくのお気に入りの春」「私のお気に入りの春」を見つけさせ、写真を撮らせてそれを見ながら、文章を書いたり、俳句を作らせたりしました。

① まず、Cさんが宿題でやってきたノートをコピーし、全員に配りました。みんな、何をするのかだいたい分かりました。

② 鉛筆とノートをもって外へ出させ、「春」が見つかったら手を挙げて、私からカメラを受けとり写真に撮らせました。

③ 写真をプリントアウトし、それを見ながら分かったことや、気づいたこと、思ったことを書かせました。

④ 俳句はすらすら出てきたようです。

Cさんは、宿題でやってきていましたので、すぐに写真を撮って、文章と俳句を作ってやってきました。「絵と文章と俳句」がよくマッチしています。

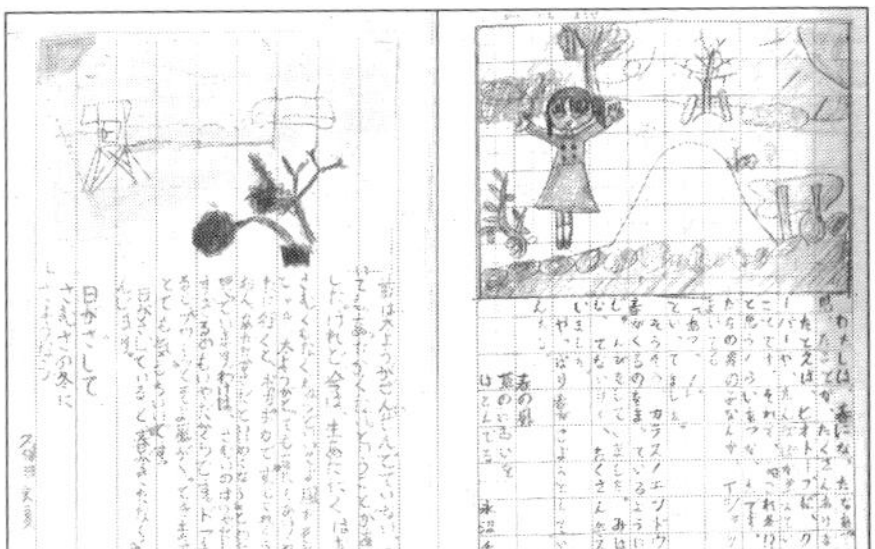

□

わたしは、春になったなあって思ったことがたくさんあります。たとえば、ビオトープに、クローバーやたんぽぽが生えていることです。それと、『これ冬！？』と思うくらいあつかったです。友だちの男の子なんか、Tシャツ一まいでも「あつっ！」と言ってました。そうそう、カラスノエンドウも、春がくるのをまっているようにじゅんびをしていました。みは、なっていないけど、たくさん生えていました。やっぱり春がこようとしているんだな。

春の風
草のにおいを
はこんでる　□

Cさんの写真文章俳句をすごく褒め、みんなの前で読むと、Cさんよりもっと上手にやるぞと思う子どもがたくさん出てきました。自分が思う春を見つけて喜んで写真に撮り、楽しそうに文章を書いて、さらさらさらっと俳句にしました。

いつもなら、写真は私が撮るのですが、今回は、子どもに写真を撮らせ、すぐに印刷し子どもに渡しました。驚いたのは、写真です。

子どもに学校を散歩させ、TOSSメモに見たものを書かせて一番いいところを自分で写真に撮らせました。私が撮ったものより、数倍いいものを撮り、楽しそうに文章を書き、俳句を作っていました。

そして、子どもたちの作品は以下のようなものになりました。

□

ぼくは、春見つけで、たんぽぽを見つけました。ぼくがさいしょに見つけたのは、ふまれていたので、ととのえてあげました。そうすると、ふまれていたときよりも、ものすごく、きれいになりました。

ぼくは、しょくぶつを、たいせつにしないといけないなーと思いました。

ぼくも、しょくぶつをたいせつにしようと思いました。

やっぱり、春は、花やしょくぶつが、きれいだなーと思いました。

たんぽぽは　春の黄色の　一番だ

（Ｉさん）□

□

川の中から草がいっぱいつきでています。

明日（３月１日）が春だから、目をあけるじゅんびをしているんだなと思います。ぼくも春は大好きだから、今日が明日ならよかったなと思いました。

川の中　水の草たち　目をさます

（Ｔさん）□

□

私はのんびりあるいて、ときめきを見つけました。こいをしたいなー。

こいざくら　こいがさいたら　うつくしき

（Rさん）□

「また、やろうね、先生」「ああ、楽しかった」「今度は、家の周りを写真に撮ってくるよ」と言い、子どもたちが、掲示した写真文章俳句にむらがっています。なぜ、こんなに熱中し、素晴らしい作品ができたのでしょうか。

理由は、五つです。

1 自分で写真を撮った時点から創作が始まっていた。
2 ＴＯＳＳメモに見たものを全てメモさせ、その中にある言葉を使わせた。
3 みんなの作品を写真と共に見ることができ、お互い話しあいができた。
4 同じ写真がひとつもなく、クラスの子どもたちが同じような言葉になることがなかった。「うれしいな」と「楽しいな」がない。
5 自分で撮った写真がうれしくて、伝えたいという気持ちが普通に俳句を作るときよりも大きいように感じた。

□

クローバーのじゅうたん

今日、春みつけみたいなことをしました。クローバーがいっぱいあってじゅうたんみたい!!

それに、今日は、しゃしんつき!!　わたしは、はりきって、おもわず、カメラじゃんけんに。でも、まけて、まけて、とうとうさい後になっちゃった。でも、カメラがつかえるだけいいです!!

わたしは、クローバーをとりました。とってもきれいにとれて、うれしかったです。また、やりたいなあ。

みどり色　それはじゅうたん　クローバー　□

□

今日、学校でびっくりするくらい、なずなと、ホトケノザが、ぼうぼうと生えているところを見つけました。

すごくきれいなので、しゃしんをとりました。

そこには、すごくせの高い、なずなや、せのひくいホトケノザがありました。そのしゃしんがこの上にあるしゃしんです。白い点はなずなをすごく近くでとった、花びらです。なずなが、風にゆらゆらとゆれて、気もちよさそうでした。日なたぼっこしているのかな。

なずなさん　風にゆられて　あそんでる　□

写真文章俳句はその力を存分に発揮できる表現方法だと思いました。まず、自分でいいなと思うところの写真を撮ります。次に、撮った写真の説明をします。説明は、当然、写真を撮ったときの経験をもとに書かれます。

うれしいなとか、楽しいなとかいう気持ちの言葉が、やったことに置き換えられます。

□

「パンジーは　太ようあびて　すくすくと」

パンジーはビオラのなかま！　わたしは、きれいなお花が大すきです。わたしもビオラみたいに、なりたいです！　ビオラやパンジーなどのお花は、「水」と「太よ

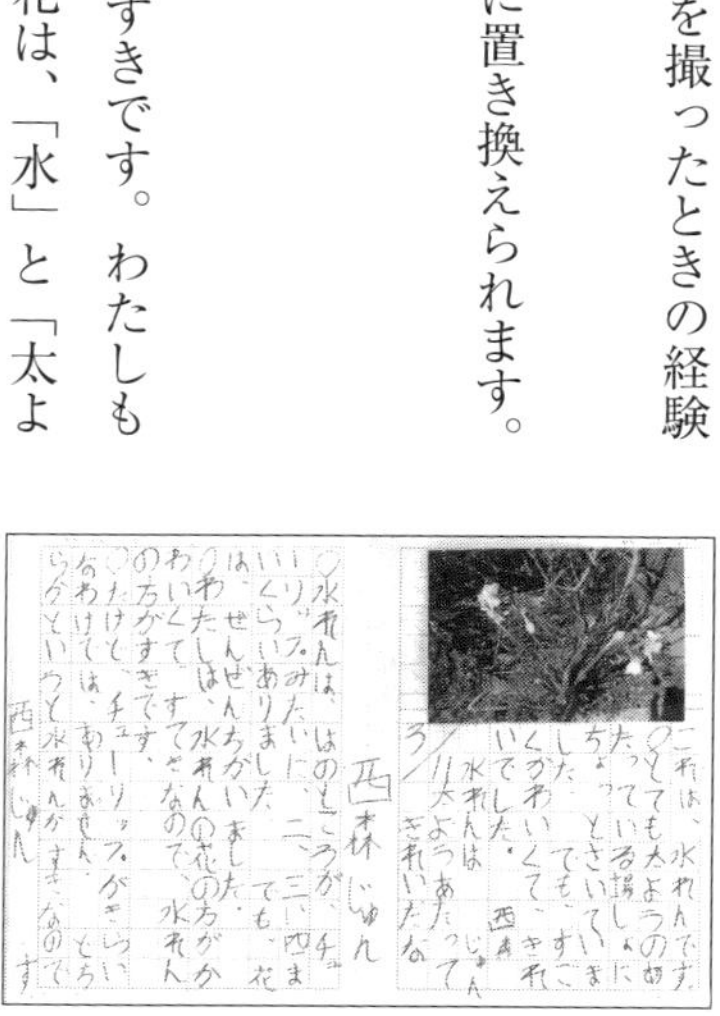

う」にたっくさんあたっているからきれいでいいにおいがするんだよな〜。わたしも、とても大切にかわいがってそだてようと思います！□

□

「フワフワの　気もちがいいね　ネコジャラシ」

わたしが見たとき、いっぱいのフワフワの毛がでむかえてくれました。とてもかわいいです。毛が、いっぱいでてきていました。

はじめは、さわるのが、こわかったけど、さわれたのでよかったです。風がふいたら、みんなゆれていました。

とてもおもしろい花です。□

□

みどり色

今日のビオトープは、みどり色の木がたーくさんありました。太ようもギンギラとかがやいています。風はまだ強いけれど、すこしあったかいです。ふきのとうも、何こかはえていました。やっぱりわたしの心では、やっぱりもう春だと思っています。外は、あったかく、日がてっていて、気もちがポカポカしてきてだんだんニッコリしてきます。わたしは、やっぱりしぜんは、いいな〜と思いました。これからもだいじにしたいです。

「日がさして　みどりにひかる　あざやかさ」□

□今日、ビオラがみごとにさいていました。花のようすは、まるで、わたしに「おはよう」と言っているかのように、わたしの方に、花をむけて、ふんわりと大きくさいていました。

わたしは、大きく広げたビオラの花は、まるで『ニコッ』とわらっているようでした。

わたしにとってビオラは、かぞくのようなものです。

そして、ビオラのつぼみもありました。カワイイ小さなつぼみです。もし、わたしがビオラの絵をかくとしたら、だいめいは、『みらい』とつけます。そのりゆうは、これからどうなるか分からないということと、自分のみらいが花のように、はなやかで、キレイになるようにというねがいもこめているからです。

もし、本当にそうなったら、わたしはとてもびっくりすることでしょう。

だって、自分のねがったことが、本当にかなったのですから。そうしたら、わたしは、『あのビオラはまほうつかいみたい』と思うでしょう。

「花つぼみ　みらいをえがく　まほうつかい」□

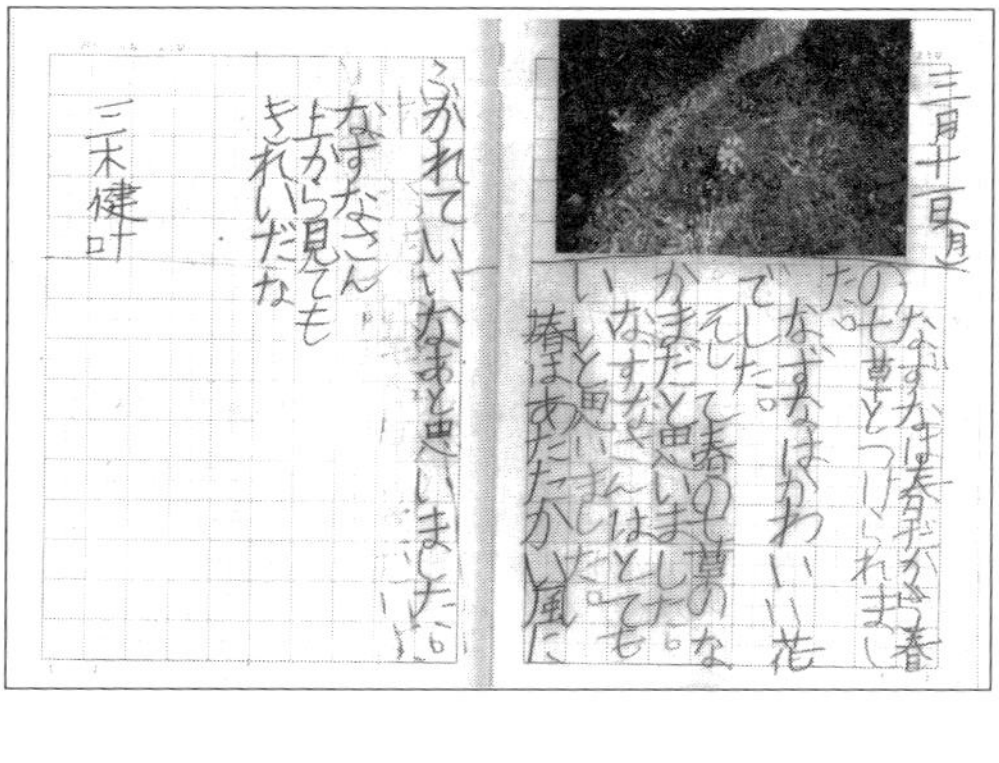

□

ビオトープを歩いていたら、フキノトウがひらいていました。フキノトウにも春を楽しんでいるんだなと思います。それに、フキノトウは、ちょっとへんだと思います。なぜかというと、フキノトウの花びらがひらいているからです。花びらがひらいているのは、「もう春ですよ」とフキノトウが教えてくれているんだなと思いました。

「フキノトウ　花びらひらき　春風を」□

子どもたちが書いたTOSSノートを見ながら、教頭先生が言われました。

「これね、すごくいい。文章と俳句が関係しているんよ。この文章じゃないとこの俳句は書けないし、俳句が書けないと文章は書けない。また、写真にあった文章を書き、写真にあった俳句がつくられとる」と褒めてくださいました。

そして、「先生、よう育てたねえ。これは、宝物だね。カラーコピーしてとっておかないといけないよ。本当にあの子たちをここまで。よう育てたわ」と小さく拍手をしながら、言われました。

どの子も全員、写真文章俳句が見開き2頁で書かれていました。

□

美しい春は花

私が外に出たら花がお出むかえしてくれてます。えきでバスをまつように…。春の日ざしにあたりながら。

「風にゆれ　花が私に　手をふるよ」

そして、ニコニコわらっているようでした。春は、やーーーーっぱり花ですねぇ。

やはり、花ですねーーーー。美しい色あい。風にゆられて、ワンピースのすそのレースが、ゆれるように。□

写真文章俳句で素敵な俳人にします。（スマイルを増やすキュートな指導30）

４　一年生の時に学級崩壊になってしまった子どもたち、二年生になって

二年生になって、すっかり落ち着き、お勉強もできるようになった子どもたちにとって、何が変わったのか、聞いてみました。

子どもたちを受け持って、がちゃがちゃだった子どもたちの椅子が、全員机の中に入れられたのが、六月一日。子どもたちの担任になって三十七日目のことでした。このころから、子どもたちは、変わってきました。

子どもたちが、二年三組の教室でどう思っていたのか、何をよしとしているのか聞いて、彼らにとって、いいことだったことをすれば、崩壊が防げるってことだと思いました。

そこで、

「あなたたちは、本当にいい子だわ。お勉強もしっかりできるし、かわいいし、どうして、そんなに賢くて、いい子になったのか、どうしてお勉強ができるようになったのか、その秘密を作文に書いて教えて!!」と言いました。

すると、子どもたちは、「いいよ」と書いてくれました。

一　わたしがよかったなと思うことは、いろいろないけんを立って言って話しあったことです。

二　算数のさいごにスキルをしたからです。

三　ぼくがいい子になれたわけは、かん字テストで、できなかったことをもう一ど、やって、さいごには、ぜんぶのテストが１００点になるくらいすごいテストをしたからです。ぼくがいい子になれたひけつは、それです。

四　かさい先生が算数できちんと教えてくれたからです。プールでおよげるようになったからです。

五　算数で楽しく教えてくれたからです。本に書いてあるとおり楽しくやったら学力があがりました。

六　かるたです。パソコンやテレビをつかってやったのがおもしろい。

七　しゅくだいがじしゅべんでした。ときどき、できた人がおもいっきりあそぶこともいい。

八　かさい先生がくり下がりの引き算でことばといっしょにおもしろく教えてくれたのがいい。

九　算数の九九です。

十　いじわるをすると、たすけるどうぶつよりだめだとみんなわかったからみんななかよくしたし、みんなでいじわるをとめようとしたから、いじわるする人がいなくなった。

十一　百人一首をしたから、わたしががんばったから。みんなが楽しくしようとしたから。

十二　先生がやさしく教えてくれたから。友だちが１００点とるからぼくもとりたくなった。

十三　先生のいうとおりやったから、とびばこみんながとべたから。

十四　算数のやりかたを教えてくれた。友だちのいけんをいろいろ聞いて、その意見をみんなでつなげて、一つのいけんにまとめたのがいい。

十五　パーティでみんなが一ぱつげいをしたから。百人一首をすすんでやったから。みんながなにかでリーダーになってやった。かさい先生がやさしく教えてくれた。

十六　先生がほめたから。

十七　二じゅうとびがみんなとべたから。男子と女子がなかよしだから。

十八　いい子になったわけは、「算数」です。算数で頭がよくなりました。そのわけは、かさい先生がいろいろと教えてくださったおかげです。あと、パーティをみんなでできかくしたことです。

十九　あやとびがぜんいんできるようになったからです。そして、百人一首をやっているからです。

二十　頭がよくなるには、方ほうがあります。一つ目は、たんにんの先生が教えてくれました。それは、「正直に名のりでて、しっかりしかられること」です。二つ目は、あんしょうをすることです。あんしょうをすることで、おぼえる力がつきます。三つ目は、友だちとなかよくすることです。四つ目は、しっかり食べることです。しっかり食べることで、頭がせい長しやすくなります。五つ目は、外でしっかりあそぶことです。

二十一　①パーティでもりあげたから。②自しゅべんをやったから。③先生がとてもおもしろくてやさしく教えてくれた。④わすれものをしてもしかられなかった。⑤お見合いのせきがえ。⑥はっぴょうのしかたをおしえてもらった。

以上のことから、効果があったものは、

向山型算数

暗唱　五色百人一首　ソーシャルスキルかるた

教えて褒める

とびばこが全員跳べたこと

あやとびが全員できたこと

二重とびが全員できたこと

プールで全員が泳げたこと

その都度、パーティを企画させたこと（イベントをしくむ）

ユースウェアどおりの漢字スキルのやり方
指名なし発表
脳の話
パソコンを使った道徳
かけ算九九計算尺を使った授業
計算スキルで点数を言わせたこと
忘れ物で叱らないこと
三つの叱ることをやったら正直に名乗り出てしっかり叱られること
と、子どもたちも認めています。

さらに、子どもたちがわいわい喋り出すのは、長い説明をした時で、「わからん」攻撃を受けるのは、プリント学習をして自分が楽をしたときです。四月の引継ぎで「こんな手紙をもらっていますので、よろしくお願いします」と言った女の子がいました。

その手紙には、「教室がうるさくて、学校へ行きたくない。言うことを聞かない子がいるので、行きたくない、おもしろくない。一番の友達が転校するので、もう、いやだと毎日泣いてます」と便箋三枚に書かれていました。

補教に入った時、一目、見ただけでその子は分かりました。表情がなく、全く笑わなかったのです。

大声でわめく男の子たちに眉をひそめていました。傍若無人な男の子をさけていました。

その子はあからさまでしたけど、ほとんど全ての女の子が、表情がありませんでした。

でも、時が経つにつれ、だんだん笑顔が見られるようになり、教室でも活躍するようになり、やんちゃくんと女の子軍団は互角に言い合うようになりました。

大きな声で笑い、嫌なことがあったら女の武器の涙を見せ、大声で泣き、大休憩には西野カナの歌を、踊りながら歌いました。

その女の子軍団の一番のおしゃまさんが、手紙をくれた、毎日、学校へ行きたくなくて泣いていた子でした。

二月になり、その女の子のお母さんから、バレンタインデーに、「どうしても受け取って、子どもたちに、渡してやって欲しい」とメッセージとチョコレートをいただきました。クラスの全員分ありました。

このプレゼントに、子どもたちは、大興奮でした。みんなで、こっそり食べるチョコに大満足でした。ドアを締め、カーテンをして、小さい声で、「おいしい」「おいしい」と言いながら食べました。

私は、私を含めて三十四人全員にチョコをくださるなんて、申し訳ないなと思ったので近所の本屋さんで、ワンピースの図書券を買い、新聞紙で包んで中味がわからないようにして、こっそりランドセルに入れておきました。

そして、次の日、その子のお母さんからお手紙をもらいました。

ああよかったなと思いました。

能面でない私のクラスの女の子たちは、最高にビューティフルでプリティでキュートです。

目標を決めてやれることはみなやります。

いつも笑顔を絶やさずに、子どもをかわいがります。

褒めて、褒めて、褒めまくります。

（スマイルを増やすキュートな指導31）

Ⅲ　小学一年のベーシック指導——どの子もチャーミングにする指導ヒント

♥1　小学一年の国語力—実際にグーンと伸びる指導とは

1　絵を見て、言葉を聞いて、わかる言葉の数（語彙力）

入学式の次の日に、私に手紙を書いた子どもがいます。その手紙は、文字は一切なく絵が描かれていました。その子は、毎日毎日お手紙をくれました。絵ばかりの手紙から、自分の名前が書かれ、次に、私の名前が書かれ、文が表れたのは、やはり、ひらがなを学習してからでした。

私は、一年生を担任したら、入学式の次の日から、毎日、毎日、Ｂ４の紙を四つに分けたものにいろいろなものを書かせていました。書きたいものや書きたい字を「せんせい　あのね」と言って書かせていました。「先生にお手紙をちょうだい」というと、一年生の子どもたちは、嬉しそうに書いてくれました。名前だけを書く子、字を書く子、絵と字を書く子、漢字を書く子、様々です。

○　かいぼりたくみ

○　かさいせんせいえ　ぼくわどっちぼうるがすきです。かさいせんせい　とおるより

○　かさいせんせいはぴあのわとくいですかまおもとくいですでもねこふんだわひけませんかさいせんせいわひけますか。まおわねこまでしかひけません。かさいせんせいへまおより。（絵もあり）

○　かさいせんせいぼくわももがすきです、かさいせんせいわなにがすきですか。おくえあつし（絵もあり）

○　しんちんはしゅうじがとくいです。かさいせんせいはなにがとくいですかしんいちろうより

○　ぼくのすきなものは、（リンゴの絵）です。かさいせんせいはなにがすきですか。

○　かさいせんせいかなのともだちわ10がつにあかちゃんがうまれるからやさしくしたあげてねかなより

○　かさいせんせいへ　わたしの、すきなものは、いちごです。わたしの、とくいなものは、ばとみんとんです。

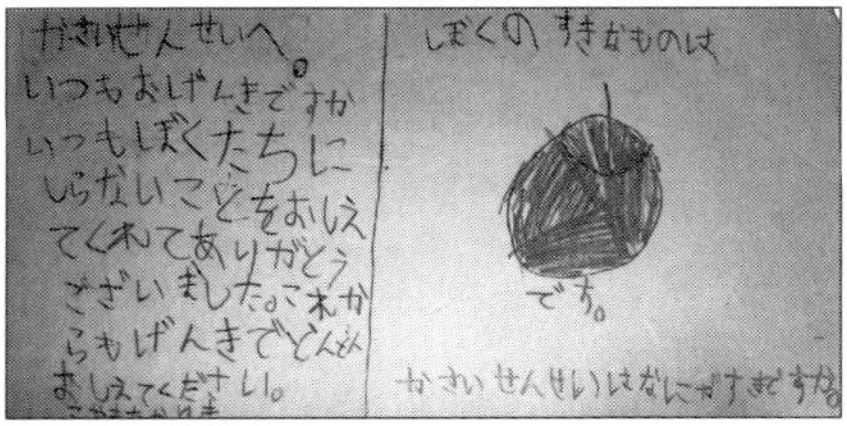

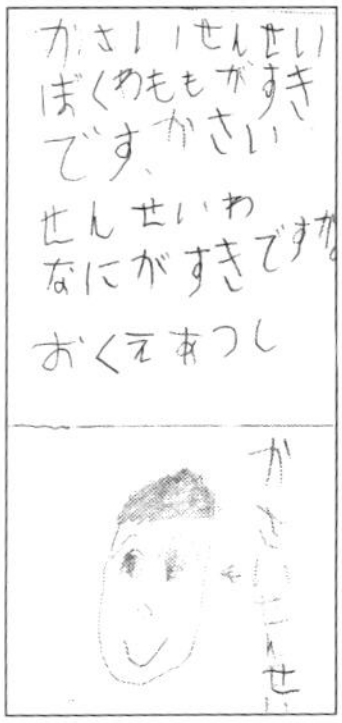

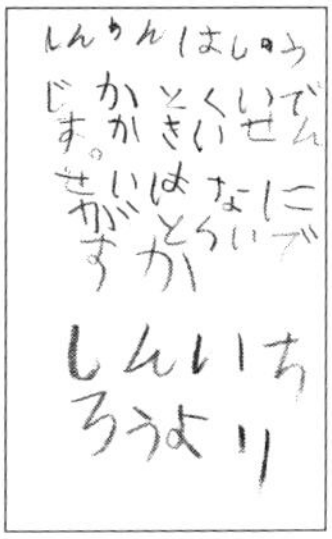

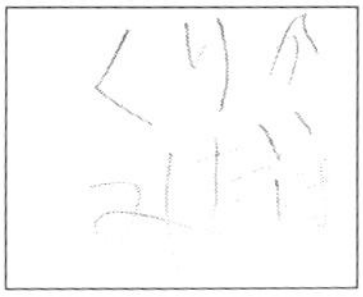

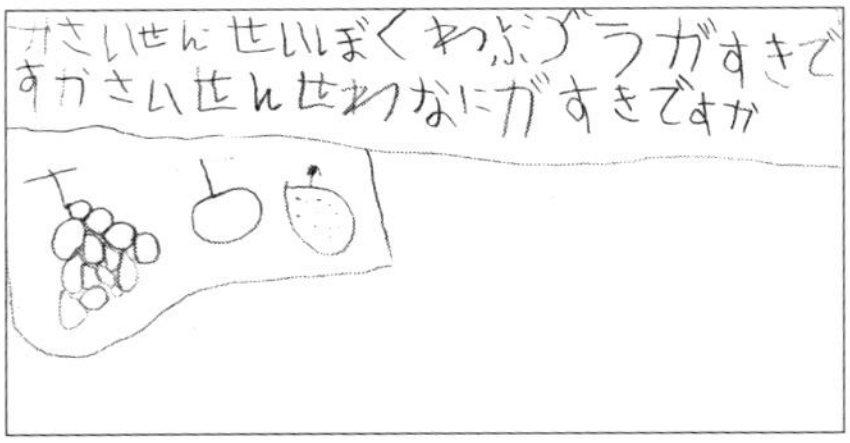

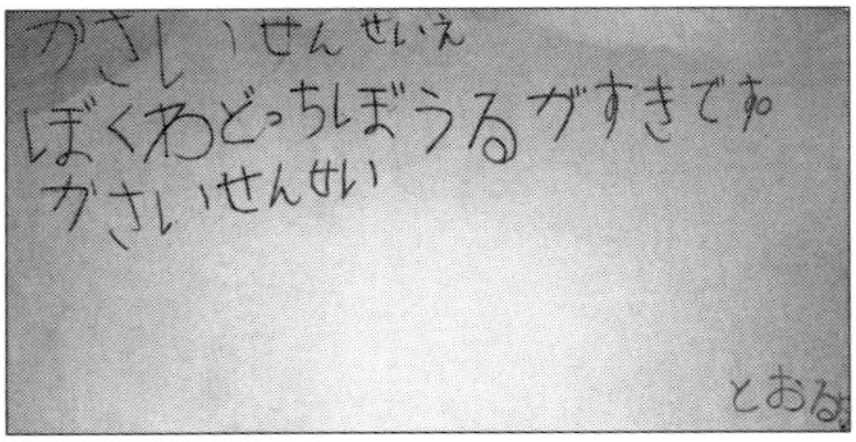

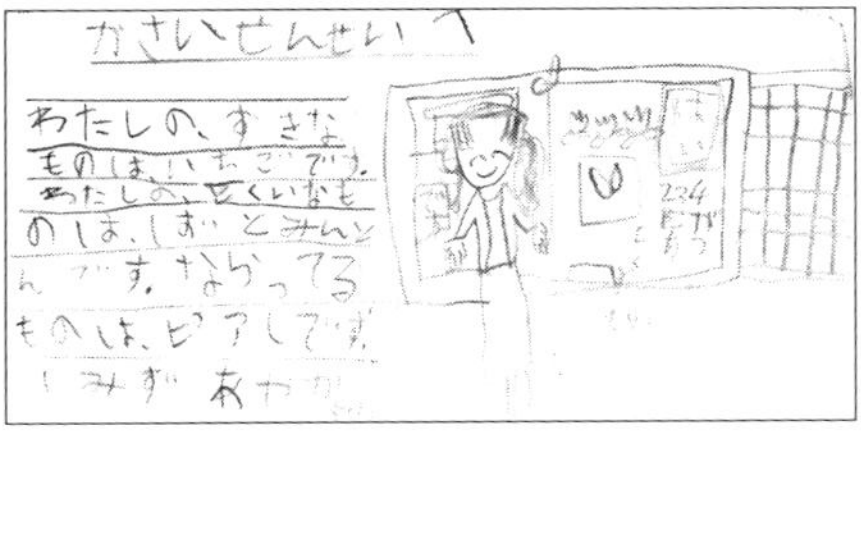

ならてっるものは、ピアノです。しみずあやかより

○　かさいせんせいぼくはぶどうがすきです。かさいせんせいはなにがすきですか。

この七人の書いたものを見るといろいろなことがわかります。句読点がありません。「は」と「わ」が混同しています。小さい「ゃ」「っ」が書けない子がいます。「ゆ」はむずかしいのか形がとれていません。鏡文字になっています。カタカナが書ける子がいます。なまえだけしか書けなかった、たくみくんは、とってもおしゃべりでした。おしゃべりだけど、そのおしゃべりを文にすることができませんでした。三ヶ月前に、「外国から帰ってきたばかりで、字の練習はしていません」と保護者の方から言われました。まおさんは、たくさん字が書けましたが、おしゃべりは不得意でした。とおるくんもあつしくんも、私の質問全てに、手を挙げ、堂々と答えられる子でした。あやかさんは、長く、長く説明ができる子どもでした。

そんな個性豊かな子どもたちに、話し言葉を豊かにし、見えるもの・見えないものの名前が言え、言葉にさせ、字や文章をしっかり書くこと、そんな力を引き出せるよう、一人一人の力を伸ばしてやりたいなと思います。

そこで、四月の最初に、なんでも、すきなものを書かせます。そこから、子どもたちの持っている力を見ます。

さて、TOSSが出している「TOSS発達障害創育教材プロジェクト　第2回教材開発会議　向山洋一が選んだ優秀レポート集A」で、谷和樹氏は、「子どもの何

★8つのポイントをみる〈就学前〉

①　左右の手の開いたり閉じたりを交互逆にする。
②　小さい円から大きい円まで順番に描ける。
③　折り紙を半分に折る。
④　きらきら星
⑤　人差し指を合わせる。
⑥　10㎝まっすぐに歩く。
⑦　しりとりができる。
⑧　ジャンケンができる。

を見ればいいか」「そのことから何がわかるか」「どのように対応するか」「向山洋一氏の教室実践例」がレポートされています。「８つのポイントをみる〈就学前〉」（前ページ）に書かれています。

また、「そのことから何が分かりますか。」で「ジャンケン勝負の理解は約90％の５才児が可能。しりとり遊びは約70％の幼児で可能。両方共できない場合には発達の遅れを念頭におきます。しりとりができることは、『音韻分解』できるということで、読み書きの基礎準備の一つです。」と書かれています。しりとりができることが、読み書きの基礎となるということを念頭において言葉育てをしていきました。

川原雅樹氏のレポートに出てくる「就労自立までの必要な技能60」（川原調査就労率一〇〇％篠山市立特別支援学校への聞き取り）より発達段階を１～６までとしたものによると、「５歳ができること」は、「しりとり」「反対語が言えること」「出来事を話すこと」となっています。

「しりとりをすること」は、語彙力をみとる一つの指標となりそうです。

広島の言語聴覚士　下妻玄典氏は、「低学年の言語評価で何より大切なことは語彙力です。語彙力がないと漢字音読や音韻認識力にも影響を及ぼします」と言われています。授業時間や、スキマ時間に、「自己紹介」や「しりとり」、「ビンゴ」などをして、子どもの様子をみとったり、他の子どもの発言を聞いたりして、語彙を増やしていき、話したり、文章を書いたりできたらいいなと思いました。

福山の言語聴覚士　永井智樹先生も「言語力をみとるのだったら、絵を見て言葉を言わせたり、イメージしたものを言葉にさせたりするのではなく、自己紹介や、好きな食べ物などの質問をして、（何が、どうして、どのように好きなのか説明ができているか）みとることができるような気がします。」と言われているように、「自己紹介」「質問」「しりとり」「ビンゴ」の四つで子どもたちの国語力をみてみます。

①「自己紹介」をさせてわかる言語力

まず、「自己紹介」です。自己紹介そのものを参観授業にすることもありますが、参観日で披露する前に、子どもの言語力を「自己紹介」でチェックします。

下妻氏は、「漢字音読やしりとりができない子、拗音や促音などが定着していない子は語彙力が低いということになる」と言われています。子どもたちには、「自己紹介」の方法から教えます。

まず、名前を言わせます（「私・ぼくの名前は、〜〜です」）。黒板にも書いておきます。

次に、先生が、質問をします。その質問は、「どんな食べ物が好きですか？」などのいろいろな答えが予測されるものにします。この質問で、絵や写真にできない「抽象語」（この文章では「食べ物」）を理解しているか？教師が聞いた「抽象語」から具体例を思いつき、その中から、自分が好きなものを選び、答えられるかを見ます。これを聞くことによって、①抽象語の理解度と②拗音や促音などの言葉の発音の定着がわかります。

私のクラスには、「カンガルー」を「カンガリュウ」と覚えて発話している子がいました。ここで、笑った子を注意したり、「違うよ。○○だよ。もう一回言ってごらん！」とその子だけ、みんなの前で、何度も言い直させたりはしませんでした。言い直させるのではなく、「そうか！『カンガルー』が好きなんだね。○○くんのように『カンガルー』が好きな人？」と、教師が正しく発音し、印象付けました。その子に注目させるのではなく、言葉に注目するように工夫しました。また、「キャラメル」が「キャダメル」になる子どももいました。「ラ行」が「ダ行」になるのです。私は、「ら」のものを集めて、詩のようにして、暗唱させたり、発音させたりしていましたが、永井智樹言語聴覚士は、以下のように言われました。

> ラ行音がダ行音に置換する子の場合、ある程度、正しい構音点で「r」が出せるように構音指導をしていな

い段階でラ行が多い文章を言わせる、読ませると人前で話すことに抵抗感が増すことがあるのでご注意ください。中には、舌小帯短縮症で物理的に舌の動きに制限がかかっているために、ラ行音が言えない人が稀にいます。言語と話し方（スピーチ）は異なる問題です。ラ行の詩の暗唱は言語力を評価するものではなく、構音（ラ行がうまく言えるかどうか）の評価となります。

そういえばと思い出したことがあります。私は、「れいぞうこ」を「ぞうれいこ」、「天満屋」（岡山を中心に展開されている百貨店）「てんまや」を「てんやま」と言い両親に笑われ、みんなの前で何度も言わされたことがあります。どうしてもどうしても、「ぞうれいこ」になり、笑われれば笑われるほど、「ぞうれいこ」になりました。これは、どういうことですか？　とお聞きすると、永井先生は、以下のように答えてくださいました。

細かいですが、てんまやがてんやまになるのは、語の入れ替えで音韻の問題、ラッパがダッパ、サカナがシャカナになるのは、機能性構音障害（音の置換）です。
つまり、「てんまや」に直すのは、正しく言えたときに褒めたり、否定したりせず、「ゆっくり言ってごらん」と促せば、治ります。しかし、構音障害の場合には、前述のように、構音指導が必要で、専門的に指導してもらうことが必要ですので、専門の先生に相談されたらいいと思います。

この「自己紹介」の質問に答えることができなかったり、答えても聞かれたこと以外のことを答えたりしていれば、「食べ物」などの抽象語が理解できていないか、頭の中に、「抽象語」の箱はあっても、中身の語彙が乏しいと考えられます。また、前の子が「りんご」と言ったら、次の子も「りんご」とそんなに好きでもないのに、同じ答えを言う子、「好きな野菜はなんですか」に質問が変わっているのに、前の子が言った「りんご」をまねして答えたりする子もいます。そういう場合は、子どもは、話を聞いてないか、質問の意味（話し言葉）がわからない、可能性が大です。

「〜の中で何が好きですか？」「遊び」「運動」「歌」「人」など、一人一人質問を変えて聞いてみると、前の子どもと違う質問をすると、どんな抽象語がわかっていないのか、どれくらい理解しているかがわかります。国語の教科書に、抽象語を教えるページが出てくるのですが、抽象語がわかっていない場合は、学習理解のための言語の基盤となる力が弱いので、算数の文章題で問われていることがわからなかったり、抽象語の指示がわからず、言われた通りに行動できなかったりする可能性があります。

② 教室で語彙力を高めるために

1　ものの名前を教えます。

まずは、教室にある見えるもの全ての名前を一年生に教えます。「黒板」「チョーク」「給食台」「机」「椅子」「体操服」「教科書」「ノート」「ひらがなスキル」「計算スキル」「ランドセル」「ふでばこ」「お手紙ファイル」などです。しかも、楽しく教えます。

① そのものを指しながら、先生の後について言わせます。最初は、「これは、黒板です」と、文章できちんと教えます。それから、単語だけで「黒板」→「黒板」、声色を変えて、（高い声や低い声、小さい声や大きい声で）「黒板」→「黒板」最後にもう一度、「これは、黒板です」→「これは、黒板です」と言わせます。

② 自分の持ち物は頭の上に上げさせながら言わせます。「これは、ふでばこです」（頭の上に上げる）「ふでばこ」→「ふでばこ」、声を変えて「ふでばこ」→真似して「ふでばこ」。最後に「これは、ふでばこです」→

「これはふでばこです」

③　「名前ゲーム」をします。Ｔ：（チョークを見せて）「これはなんですか？」Ｃ：「それは、チョークです」など、列指名したり、「男の子」「女の子」「みんなで」などとグループごとに言ったりして、言わせます。

2　「一時間目」「体育」「礼」「挨拶」などの学校のきまりや勉強に関する名前を教えます。

体育など、「ブランコにタッチしてきます」「うんていに集まります」と、遊具の名前を必ず言って行動させます。

●どの子も伸びるチャーミング指導

一　ものの名前を覚えさせる時に、「文章」↓「文章」↓「単語」↓「単語」↓「文章」↓「単語」↓自分たちだけで言わせる、そして、最後にもう一度、「文章」で終わるようにします。例えば、「これは、机です」「これは机です」「机」「机」「これは机です」「机」みんなだけで言わせて、最後に先生が、「これは？」「机です」と言わせます。抑揚をつけてテンポよくやっていきます。

二　自己紹介といえば、「かさいみか」の「か」は「かわいくて」、「さ」は「さわやかで」、「い」はいい女、「み」は、「みんなのアイドル」、「か」は「かさいみか」と言って名前を覚えてもらいます。一番最初に聞いた時、とても衝撃的だったのか、他の学年までこの自己紹介が広まっていました。

「私は、か・さ・い・み・かです。かさいのかの字は、かわいくて、さわやかで、いい女、みんなのアイドル、（ここでくるっと回って）かさいみかです」と言いながら手を広げます。これで、印象付けられます。

2　イメージできることでわかる言語力

算数の文章題を解いていくためには、次のようなステップがあります。

①　語句や文章の内容理解（絵を見て言葉を想起）
②　イメージ化（言葉を見て絵を想起）
③　立式
④　計算
⑤　フィードバック（熊谷恵子氏の「算数の指導」『児童心理』二〇〇九年一二月号を参考に堺ＬＤ研究会が作成）

　この①と②の交換が子どもの頭の中で行われていることが重要で、絵を見て言葉を想起、言葉を見て絵を想起することはこの時期の子どもたちにとても大切なことだと思います。絵を見て、言葉、言葉、言葉を見て絵を想起する教材があります。それが、フラッシュカードです。フラッシュカードは、この変換をスムーズに行ってくれます。授業始まりの一分間をフラッシュカードの時間にするといいです。すぐ覚えるので、一日目は、五枚。覚えたら、毎日、一枚ずつ新しいのを入れ替えるといいです。ここで、「野菜」や「果物」などのフラッシュカードがあれば、とてもいいです。英語では、フラッシュカードで子どもたちは、英語を覚えていきます。日本語もフラッシュカードは効果があると思います。ただし、フラッシュカードをめくる速さは一秒間に一枚が効果的です。

①　「ビンゴ」でわかる言語力

　ひらがなもカタカナも習った頃になると、「好きな〇〇ビンゴ」（〇〇の中には果物・野菜・車などの抽象語を入れる）をやるといいです。これは、相手に合わせて言葉を想起する力と語彙力がわかります。

　まず、子どもたちに、「先生が好きな果物はなんでしょう」と聞き、真ん中を抜いた八マスに先生が好きだろうと予想した果物を入れていかせます。果物八個が、スラ

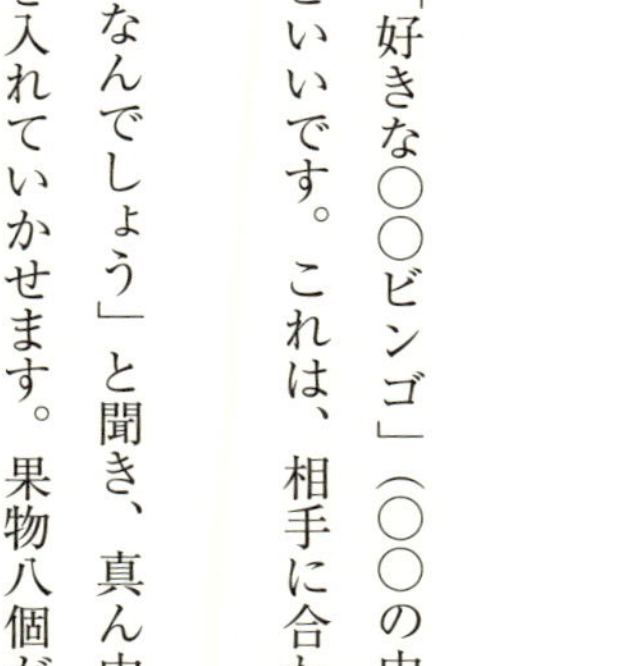

スラ書ける子は想起する力があるとみなしてもいいでしょう。なかなか八個のマスが埋まらない子は、ワーキングメモリーが弱かったり、その抽象語がわからなかったりする可能性があります。自動車の名前は、スラスラ言えるけど、果物はさっぱり言えない、電車の名前や駅名など、その子が、興味があるものは、スラスラ言えるのに、野菜の名前はさっぱり言えない子もいます。生活に必要なものの名前は、言えて書けるといいなと思います。その子の興味を持っていることも認めつつ、色、野菜、果物、教科名、楽器などが、スラスラと言え、書けるといいです。時に、友達の名前、先生の名前など、人の名前を言って書かせてみると、人に興味があるか、どんな友達と仲良くしているかがわかります。

② 「しりとり」でわかる言語力

子どもが大好きな遊びの一つに「しりとり」があります。この「しりとり」も最後の一文字を聞いてその言葉で始まる言葉を想起する力があるかどうかが、わかります。どれだけ語彙を知っているか、最後の一文字を聞いて、さっと言葉が出てくるか、その言葉は、前に出た言葉かどうか考え、出ていたら、他の言葉を想起できる力も見て取れます。ひらがなの指導が終わったら、ノートにしりとりを書かせると、促音や拗音、濁音や半濁音の定着もみることができます。『向山洋一が選んだ優秀レポートA　発達障がいの子の発見と自立への道10才から22才までの教師の役割（年表）―』（NPO　TOSS発行）の中で谷和樹氏は、以下のように述べておられます。

> しりとりができることは、「音韻分解」できるということで、読み書きの基礎準備の一つです。

しりとりができる子は、音韻を分解し、言葉を想起し、さらに、その言葉は、すでに言っている言葉なのかどうなのか、瞬時に判断する力があることを示しています。それは、すごい力です。読み書きの基礎準備ができているので安心です。しりとり遊びをクラス全体でやると楽しいです。隙間時間にやるといいです。

また、本読みがスラスラできなければ、人差し指と親指で単語を囲む囲み読みやスラッシュを入れるスラッシュ読みをすれば、すぐに正しく読めるようになります。

同じ言葉を何度も言ってしまう子どもは、ワーキングメモリーが少ないのかもしれません。先生が素早く黒板に言った言葉を書いてやるなどすれば解決することです。ひらがなを教える時、「あ」なら「あ」のつく言葉をたくさん集めたり、教科書の中から、「あ」の字をさがしたりするなど、みんなで楽しくできる活動を仕組んでやらせます。また、いろいろな言葉を想起し、答えが見つかった時に、「わかった」「言えた」「つなげることができた」という満足感も味わえます。以下のようにやります。

ア　ルールをきちんと教えます。ルールを覚えることで、ワーキングメモリーの容量を使い切ってしまう子どももいますので、きちんと黒板にルールを貼っておきます。

・「ぞう」→「うま」→「まほう」→「うし」…
・「みかん」×　「らいおん」×　「らーめん」×
・人の名前は×　「かさいみか」×　「えどがわコナン」×　「のびのびた」×
・おともだちとおなじものは×

イ　また、友達が何を言ったのか、忘れる子もいますので、出た言葉は、次々、板書します。

ウ　なかなか答えられない場合は、「ヒントを言って教えてもいいよ」と言います。

エ　連想しりとりもオススメです。「さよなら三角、また来て四角」から始めます。「四角は？」→「豆腐、豆腐は白い」→「白いはうさぎ」→「うさぎははねる」というものです。

③　「連想ゲーム」（スリーヒントゲーム）でわかる語彙力

「上位概念」を言って、そのものの名前を集めるものです。「果物です」「赤いです」「『リ』で始まるものです」などと三つのヒントを与えて、そのものを当てるものです。ワーキングメモリーを鍛え、イメージする力を高めることができます。その他、「『果物』を三つ答えましょう」「教科の名前を五つ答えましょう」などの言葉の連想ゲームはとても楽しんで子どもたちはやります。

さらに、「□る」など、□の中に一文字入れて、言葉を作る遊びもいろいろ考えることができて、大好きな遊びです。

④　「なぞなぞ」でわかる言語力

「なぞなぞ」は、「問い」と「答え」がはっきりしています。「～はなんでしょうか」「それは、～～です」の言い方の練習ができますし、順序立てて答えを導き出したり、問いの中に答えがあり、それを見つけたりするので（論理的に考えられ）、その力が、算数の文章題や国語の読解問題を解く時に役立ちます。

最初に、「問題の型」と「答える型」を教えます。はじめは、「答える型」を用いて、なぞなぞをします。次に、役割を交代し、子どもに出題させます。その時も、「問題の型」を用いて、友達に問題を出させます。型を用いて答えること、出題することの両方を経験させます。

「首が長くて草が大好きな動物は何ですか？」「首が長くて草が大好きな動物は、きりんです」と答えられたら一〇点、「きりんです」だけだと五点、「きりん」だと一点と評定すると、きちんとした文章で答えようとします。

3　字を「読む・書く」でわかる語彙力

三つのことを一人一人にさせてみます。

①「書いてある単語を見せる」→それと同じひらがなカード、ひらがなマグネットを選ぶ、選んだカードを並べる、できた言葉を読む。

②「書いてある字を写して書く」

③「自分が思ったことを言葉にする」→「思ったこと（目の前にないもの）を書く」

まず書いてある単語を見せます。例えば、「つ」と書いてあるカードを見て、五十個あるひらがなマグネットの中からその字を見つけて置いていきます。「つ」「く」「し」とバラバラに見て置いている子、「つくし」と一回読んで、「つ」「く」「し」とマグネットを探して置く子がいます。いろいろな言葉カードを見せ、まとまりで読めるようにし、マグネットで同じ字を並べていきます。「ＴＯＳＳ　Ｋｉｄｓ　マグネットひらがな表」はこの活動をする時便利です。

マグネットで置いた字やカードの字を見て写して、字を書かせます。「マグネットひらがな表」は、小さい「っ」「ゅ」「ゃ」「ょ」があるので、ねじれた音に対応できます。鉛筆を持つ前に、言葉を選択し、並べる作業をやっておく作業はとても大切です。私が小さいころ家には、積み木があり、四角い積み木の裏にひらがなが書かれていて、積み木で遊ぶのと同時に、ひらがなもその積み木で覚えたように記憶しています。私も弟も我が子もその積み木で積み木をするのと同じようにひらがなを並べて遊ぶこともしました。

マグネット表で自分が思った言葉を選択し、並べることも楽しいです。並べた後、その言葉を読んだり、書いたりもできます。

「ねこ」「ねっこ」、「びよういん」「びょういん」の促音やねじれた音のことでは、小さい頃の教育番組が思い出されます。「ねっこ」が読めず、「ねこ」としか読めない人が、どうしたらいいかと相談するというものがあって、吉本新喜劇のお笑いタレントたちが、ああでもない、こうでもない、とコントし、最後に、バレーでアタックをするときに読めるかもと試していました。「ね」でボール目掛けて飛び上がり、「こ」でボールを打つのです。そうすると、ちゃんと、「ねっこ」「まっち」「きって」「だっこ」って言えて、すごい、すごいとみんなで喜び合うというものでした。その特訓をしたら、きちんと、「ねっこ」「きっぷ」などと言えて、私も何回か、ねっこと言いながら、ジャンプして、ボールを打つ真似をしました。小さい「っ」ははねる音とも言います。はねて言わせると一年生の子にも心に残るようです。

子どもが入学して二日目の時に書かせたものにも、小さい「っ」や「ゃ」「ゅ」「ょ」が書けていない子がいました。これも、実際に、フラッシュカードでみんなと何度も言わせたり、マグネットを並べさせたり、はねたり、ねじれたりして言わせているとだんだん小さい「っ」「ゃ」「ゅ」「ょ」が書けるようになりました。

ＴＯＳＳ　Ｋｉｄｓ教材には、「カタカナカード」「しりとりカード」「あなうめカード」などがあります。これらを使って語彙力を増やすことができます。

４　読み聞かせは大事なコミュニケーションツール

一年生のときに崩壊していたクラスが、一日の中で、二回、シーンとし、教師の言うことをよく聞くときがありました。それが、五色百人一首などのかるたをするときと絵本の読み聞かせをするときでした。

私は、ガチャガチャしているクラスが、シーンとなるのがうれしくて、毎日のように「五色百人一首」を行い、絵本の読み聞かせをしました。「本を読みますよ。今日の本はこれです！」と読む本を見せるだけで、私の周りに子どもたちは、集まってきました。ガチャガチャしていて、「わからん！」コールが起こっている時とは、大違いでうれしそうに近づいてきました。読み始めるのを子どもたちは待つようになりました。

絵本の読み聞かせの良さは、読んでくれる人と、時と場所と気持ちが共有されることです。そこに生まれる「わくわく」「ハラハラ」「ドキドキ」の一体感は、嬉しいものです。さらに、読み聞かせは、その本に出てくる「スヤスヤ眠る」や「ぐんぐん伸びる」などのような「目に見えない言葉（「スヤスヤ」「ぐんぐん」）」の状況を共有することができます。「赤ちゃんが寝ている」絵や「たけのこが伸びている」絵はみんな見ています。普段使うことのない言葉にクラスの聞いている子どもたち全員が、出会えることができます。「○○ちゃんは、昨日スヤスヤ眠りました」や「□□くんはぐんぐん伸びているねえ」と普段の生活で使えば、○○ちゃんや□□くんだけではなく、みんな口々にうれしそうに言います。

絵本や本の読み聞かせは、おそらく、聴く力も育てているのではないかと思います。子どもたちの前に立って、やってはいけないことを、お話のように話し、こんなふうになりましたとさ、と結果を言うと、いけないことだとわかり、やってはいけないことをやらないようになることがあります。なぜ、そうしないといけないのか、説明しなくても、お話でイメージすることができるようになります。その結果、だんだんと、子どもたちに指示すると、その言葉通りに動けるようにもなってきました。

以下の四冊の本は、一年生を担任したクラスの子どもたちが大好きで、子どもたちが言葉にこだわり、絵本の読み聞かせが終わっても、友達と一緒に、絵本に出てきた言葉で遊んだり、替え歌ならぬ、替え言葉を作って笑いあったりしたものです。

中村牧江・林健造作『ふしぎなナイフ』（福音館書店）は、ナイフが「まがる」「ねじれる」「おれる」などと状態が変化していきます。最後は、「ふくらんで」、そして、粉々に割れた絵があるだけで、言葉はないので、割れて粉々になったナイフを見て子どもたちは、「あ〜あ、割れちゃった」とか「粉々になった」「もう元には戻らないや」などと言い合っていました。

谷川俊太郎『わたし』（福音館書店）は、「おとこのこから　みると　おんなのこ」「あかちゃんから　みると　おねえちゃん」「おにいちゃんから　みると　いもうと」と「わたし」は「わたし」だけど、見方によってどんどん「わたし」が「おねえちゃん」「むすめ」「おんなのこ」「にほんじん」と変わっていくことが描かれている絵本です。「宇宙人からみると？」「絵描きさんからみると？」（モデル）などと質問しながら読むと、面白い答えが続出します。答えを言うと「あ〜」と納得する絵本です。

谷川俊太郎・文『あいうえおっとせい』（さ・え・ら書房）は、副題に「ことばあそびえほん」と書かれているように子どもと一緒に読んで楽しみます。「あさの　いすの　うえで　えらそうに　おっとせい」「かんがるーのきって　くれた　けむくじゃらの　こぐま」などと「あいうえお」「かきくけこ」で折り句になっているので、子どもたちも「すごいね」「あいうえおだ！」などと見つけてとても驚きます。しかも、その言葉に即した絵が描かれているので、それを絵を見て言葉を読んだり、言葉を読んで絵を見たりして楽しめる、とても楽しい絵本です。

瀬田貞二作・林明子絵『きょうはなんのひ？』（福音館書店）は、しかけがいっぱいあって、そのしかけを楽しめる絵本です。最後に種明かしがあります。

そんなたくさんの絵本や言葉に囲まれて子どもたちは、自分だけの言葉を創作します。素敵な詩を作るので是非とも、詩集を作って残しておくといいです。

次は、Cさんの作品です。

トマト
　　ながぬま
トマトは　まっか
トマトは　あまい
トマトは　たべれば
ぷっちゅぷちゅ
トマトは
おいしいたからだよ
トマト　トマト
トマトさん

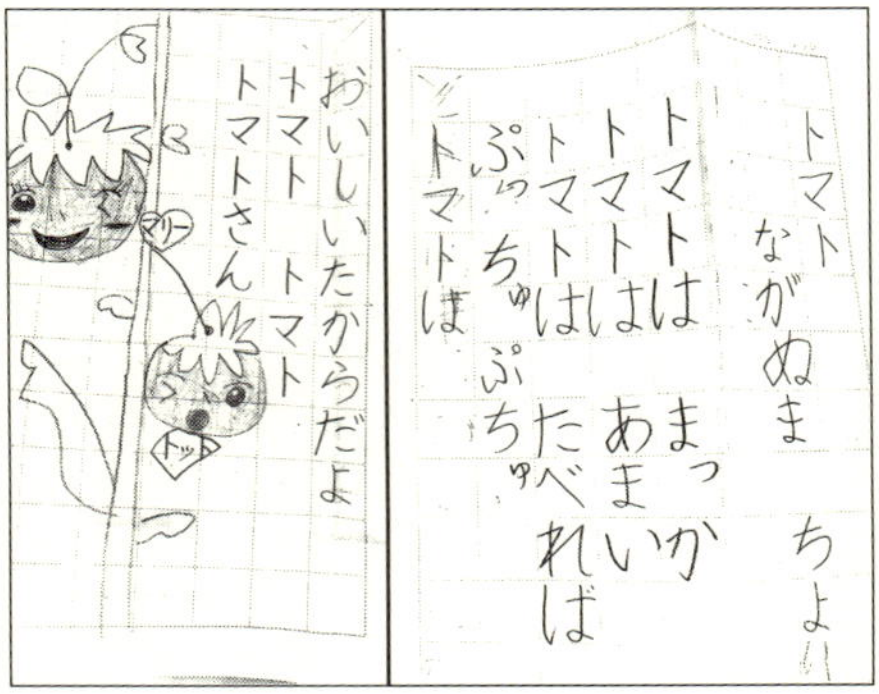

●どの子も伸びるチャーミング指導

三　たくさんの言葉に触れさせる環境を作ります。先生がていねいな言葉を使います。挨拶の言葉「ごきげんよう」「おはようございます」「こんにちは」「こんばんは」などとしっかりはっきり明るく声をかけます。

四　子どもに何か頼む時は、「○○くん、～～してくれませんか」と名前を言って、ていねいに頼み、やろうとちょっとでも動いたら（動く前から）、「ありがとうね」「感謝します」と言います。

五　子どもの言葉を聞き逃さず、ちょっとした言葉でも拾って広める。良い言葉は積極的に、悪い言葉はその場でやんわりと指摘します。

六　たくさんの本を読み、教師自身も語彙力をアップします。

2　子どものモラル力は、「感情語」をみる

文部科学省が出している「幼児期から低学年までの課題」には以下のように書かれています。

・「人として、行ってはならないこと」についての知識と感性の涵養や、集団や社会のルールを守る態度など、善悪の判断や規範意識の基礎の形成
・自然や美しいものに感動する心などの育成（情操の涵養）

このことを元に、「人」としてどう思うか、いけないことなら、「やらない」、されたら、悲しいなどの気持ちと行動を表せるようにしていきたいと思います。

さて、「あだ名で呼ぶことはいいのか、悪いのか」という紙芝居を見せ、子どもたちの意見を聞きました。その後、感想を書かせました。

◯　せんせい、あのね。ぼくは、きょう、せんせいが見せてくれたかみしばいをみて、あだなってちょっといけないなとおもいました。おとうさんやおかあさんがこころをこめてつけてくれたなまえをかえて、ちがうなまえでいったら、そのいわれたひとがかわいそうです。◯

この子は、しっかりと「かわいそうです」と感情の言葉を使って、「あだ名で呼ぶことはちょっとよくないこと」と考えています。

◯　ぼくは、のぞみくんが、『いいあだなとわるいあだながあります』といったことにかんしんしました。ひとが

いやがるあだなと、いいよといやがらないあだながあるとおもいます。◯

この子は、友達の「のぞみくん」の意見を聞いて、「感心した」と書いています。人の話を聞いてそうだなと思うことができています。

◯　あだなは、いいときとわるいときがあります。いいときはそのひとがいいけど、わるいときはほんとうに『はげ』ているけど、それはちゃんとりゆうがあるのにだからあだなは言っていいときとわるいときがあります。◯

この子は人の立場に立つことができています。

◯　あだなは、ひとがいやなのをいったらいけないなとおもいました。これから、いやだといったひとのあだなはもういいません。◯

この子は、やんちゃくんです。自分がしたいけないことに気づいたようです。

◯　きょう、このかみしばいをみて、いっていいことと、わるいことをしりました。言っていいことは『みかりん』はいっていいんだけど、『はげ』はいってはいけないことをしりました。どうして、けがをしたかもわからずに、わるぐちをいっては、すごくいけないことがわかりました。◯

この子は、「悪口を言ってはいけない」と自分でルールを作っていることが分かります。自分で自分の行動を律することができています。

「かわいそう」「悲しい」「いやな感じがする」とされたら嫌だと感情が表れている子どもは、人の気持ちが分かり、人が嫌がることはしてはいけないと思っています。自分がされたら、どんなに悲しいだろうかと想像できるからです。そうして、人が嫌がることは「良くない」ことと善悪の判断もつくようになります。これは、たくさんの体験をしているとわかります。お友達が泣いているところを見たことがある子は、「悲しいから」泣いているんだと分かります。一年生は、よく、卒業する六年生が泣いているのを見て泣きます。本当に豊かな感性だなと感心します。

　また、植物を育てたり、生き物を育てることは、美しいものや命の大切さを感じることへ繋がります。

　「せんせい　あのね　にしゅうかんたて　やといえのあさがおのめがでました」（二週間経って、やっと、家のあさがおの芽が出ました）と私に書いて見せてくれた子がいます。「二週間経ってやっと」なんて言葉は、すごいと思います。

　絵を見せたり、状況を説明したりして、その行動は、「いいことなのか」「悪いことなのか」、○か×か、ジェスチャーで表現させる「モラル○×クイズ」。善悪の判断は、一年生の力としてもっておきたい力の一つです。

①　人に会ったら、何も言わず、じろじろ見る。
②　何かしてもらったら「ありがとう」と言う。
③　使ったものはそのままで、ちらかしたら、お母さんが片付ける。
④　人のものを黙って使ってもいい。
⑤　嫌なことをされたら、たたく。
⑥　悪いことをしてしまったら「ごめんなさい」と言う。
⑦　授業中は、勝手に席を立ったり、おしゃべりをしたりしてもいい。

　まずは、富山市水橋西部小学校で提唱され、学校全体で授業されてきた「当たり前のこと十か条」の中から七つの項目を読み、良いと思ったら○、悪いと思ったら×をさせます（右の表の①③④⑤⑦が×です）。×のところで、○にした子には、「どうしてそう思ったのか」理由を聞きます。理由を話すときに、「人が嫌がる」「自分も困るからです」「悲しいからです」などの「感情語」が、話に出てくるかどうかを聞き取ります。

聞くだけでは、理解しにくいのですが、絵などを見てわかる子どももいるので、よくない行動をしている絵やイラスト（順番抜かしをしている・掃除でほうきを振り回している・授業中遊んでいるなど）を見せて、その行為が「良い（○）のか、良くない（×）のか」、ジェスチャーさせます。明らかに良くない絵はわかるのですが、なぜそれが良くないのか理由も聞きます。

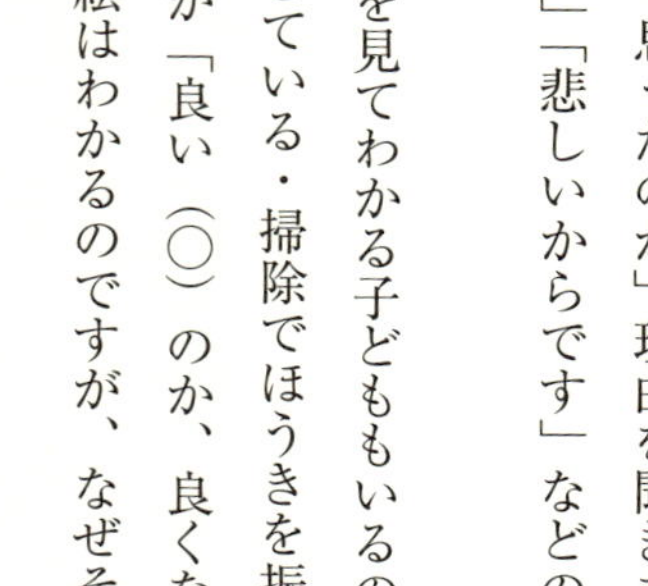

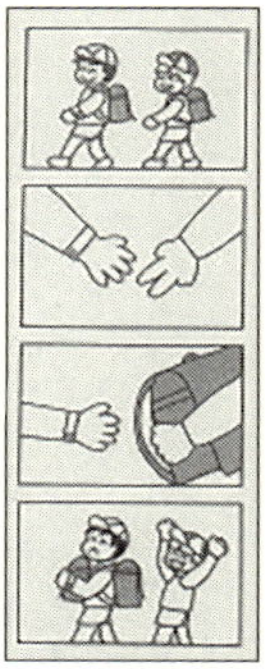

四コマ漫画なども、具体的に話をさせながら、「何をしているのかな?」「この子たちは、どう思っているのかな?」と聞きます。子どもの話の中に、「悲しい」「いやだ」「嬉しい」などの気持ちを表す言葉やそんな気持ちになった理由を引き出していきます。感情語が出なかったり、理由が言えなかったり、絵の状況に合っていない言葉を言ったりすれば、友達とコミュニケーションをとることができにくいといえます。

気持ちの表し方ですが、「楽しい」「うれしい」「悲しい」「怖い」は、きちんと言葉として、吐き出した方がいいです。その気持ちが出せないがために、第二感情が沸き起こり、本当は、みんなに認めてもらえなくて「悲しい」のに、「怒る」という感情が出てしまったり、本当は、「怖い」のに「怖さ」を隠すためにすねたり、人とコミュニケーションをとらないような行動をしてしまいます。「楽しい」「うれしい」も体いっぱい表現し、言葉にすれば、本当に満たされます。

●どの子も伸びるチャーミング指導

七　問題が起こったら、その場で解決します。

八　それをやったらどうなるのか、しっかり教えます。「いじわるしたらさ、多分、みんなから嫌われて、一人ぼっちになります」「そんなことしていたら、なます地獄に落ちます」（千葉県安房郡三芳村延命村寺所蔵『地獄』（風濤社）という本を実際読んでやります）

九　教えることは、小さな声で耳元で教えます。

私は小さい頃、よくすねていましたが、本当の気持ちは「私を見て！」「嫌いにならないで」という恐れの気持ちだったのではないかなと思います。そんな気持ちを押し込めていました。

でも、小さい頃から、喜び・悲しみ・怒り・恐れの感情を表しておかないと別の感情になって自分を苦しめることになると教えていただきました。

病気がちだった私は母から「病気に負けない強い子になれ！」と育てられ、「怖い」「いやだ！」「逃げたいよぉ」と言えませんでした。

それで、その気持ちを表すために、怒ったり、すねたりしました。

「子どもが喜んだ時、その喜びを共有する」

「子どもが悲しんでいる時は、悲しかったよねと認め癒してあげる」

「子どもが怒った時は、その怒りに気づき、向き合わせる」

「子どもが恐がった時には、子どもに大丈夫だよと守ってあげたり、ハグしたりして安心させる」

そんなことが必要なのだと思います。

私は、「大丈夫だよ」「すぐよくなるよ」と言ってもらいたくて、一生懸命がんばってきたように思います。

私は、母に認められたかったのに、自分が母になって、認めてあげることができなかったことがいっぱいありました。自分が認めてほしくて精一杯だったのではないかなと思います。

子どもが喜んでいる時に、「ワーワー、うるさくしない！」と怒ってみたり、子どもが怒っているときに、さらに怒ったり、子どもがすごく怯えていたり、悲しんでるのに、「男の子は涙を見せない」と叱ったり、子どもが恐がっているのに、「まぁ、この子はトイレも行けないの？」と、嘲笑したりしてしまいました。

感情が思いっきり出せないときに、違う行動をさせたり、違う感情を出させたりすることになります。

私は、小学校一年生の子どもたちだけでなく、六年生までもが、泣いたりわめいたりしている子どもが本当の気持ちを言ったときに、スッキリした顔になるのを何回か見ました。

学校で友達に

「私、それされると嫌なの」

「さみしかった？　ごめんね」

なんて気持ちを大切にした発言をするお子さんは、本当の気持ちを上手に表現できているのだろうなと思います。できていないお子さんには、きちんと感情を吐き出す練習をさせます。それは、「今、どんな気持ち？」と尋ねることです。そして、保護者の方も「よくやっているよ」と認めて、「さすが、お母さんのおかげだわ」「おうちのしつけがいいのね」と褒めることです。

やんちゃくんも、「ああ、寂しかったんだね」「認めてほしかったんだね」「怖かったんだね」「悲しかったんだ」などと言うと、素直に自分の気持ちを言えるようになります。そして、私も、しっかり「今、先生、みんなに無視されて、悲しくて怒っています」「とってもうれしいです。わーい、わーい」と、跳び上がって走り回ったりします。

向山洋一先生は、「幼児に教える原理」があると言われています。それは、以下の六つです。

「幼児に教える原理」

① すぐれたお手本が必要（わかりやすいお手本。子どもから質問が出ないもの）
② 学習は楽しい状態でしなければならない（特に先生が、楽しい笑顔じゃないと・・・）
③ 繰り返す（何度も何度も繰り返す）（手をかえ、品をかえ、同じことを繰り返す）
④ 短い言葉で（長ければ長いほど混乱する）
⑤ ほめる（決して叱らない）（よくできたことをほめる。助かったという）
⑥ テストをしない（何度も体験しないとできないのだから、すぐに試さない。言葉でテストしない。やらせておいて、間違えた時、「ほら、言ったでしょ」と言わない）

一年生に教える原理として心したいです。

●どの子も伸びるチャーミング指導

十　先生も「先生は、今、悲しいです」「先生も今、怖いです」「先生は、とってもうれしいです」と気持ちをしっかり表現します。

♥3 やんちゃ予備軍へのクール対応10

1　褒めて褒めて褒める。（叱られていることが多いので、ちょっとでもいいことをしたら、褒めます。褒められたらうれしいという気持ちをいっぱい抱かせます）

2　選択させる。（自分で言う？　それとも、先生と一緒に謝る？　など）

3　好きなことをとことん応援する。（野球が好きなら、野球のことで何かしようものなら、応援します。いろいろ教えてもらい、「すごいなあ」と尊敬します）

4　先生の代わりの役につける。（「家庭教師係」とか、「絵本を持ってくる係」とか人の役に立ったり、目立ったりする係）

5　よくないことを押し通そうと、勝手な論理を持ち出して来た時には、怒らず、その論理に乗らず、「学校ルール」に従うことを伝える。（「それは、おうちのルールです。ここは、学校です」「それは、俺様ルールです。学校のルールはこうです」と言う）

6　逃げ場を作る。（プライドがあるから、一人で落ち着ける場を作る）

7　けんかになったり、手が出たりしたら、まず、「何があったん？」と優しく聞き、「いつもは何があっても、手を出さん（実際はそんなことはないけど）のに、○○くんを叩くってよっぽどのことがあったんじゃね」と、よっぽどのこと（すごいこと）を強調して事情を聞く。

8　どこの時点でやめることができたか、どこの時点でキレたか視覚化させるため、紙に、あったことを書きながら、話を聞く。自分でもその紙を見て、「あ、待ってよ、この前に○○が～って言ってきた」と冷静に客観的に見ることができる。
9　保護者と仲良くなり、情報を共有する。
10　保護者の「がんばり」を認め、褒めて褒めて褒めまくる。

《一年生でつける力》（これは、最初の懇談会で保護者の方にお配りするプリントです）

(国語)

〈話す〉・順序を考えながら、相手にわかるように話す。
・身近な事柄について、話題にそって話し合う。
・口形、姿勢に注意し、はっきりとした発音で話す。
・ていねいなことばとふつうのことばの違いに気をつけて話し、敬体で書かれた文章に慣れる。

〈聞く〉・大事なことを落とさないように興味をもって聞く。

〈書く〉・相手と目的を考えながら書く。
・書こうとする内容を集める。
・書くために簡単な組み立てを考える。
・順序を考えながら、文と文、語と語のつづき方に気をつけて書く。
・平仮名、片仮名を書く。
・片仮名を書く語を文や文章の中で使う。
・漢字八〇字を漸次書くようにする。
・長音、拗音、促音、撥音などの表記ができ、「は」「へ」「を」を文の中で、正しく使う。
・句読点のうち方、かぎ（「　」）を文章の中で使う。

〈読む〉・やさしい読み物を読む。

・想像を広げながら読む。

・順序を考えながら、大体の内容を読みとる。

・文章を読み直す習慣をつけるとともに間違いなどに注意する。

・語や文のまとまりや内容、ひびきなどについて考えながら、声に出して読む。

・平仮名・片仮名を読む。

・漢字八〇字を読む。

〈語句〉・主語・述語の関係に注意する。

(算数)

・100まで数える。100まで読む、100まで書く。

・大小、系列、順序。

・数の分解。6は1と5など。

・2位数と簡単な3位数

・まとめて数える。(10とあといくつ)

・くり上がり、くり下がりの計算。

・+、−、=、たしざん、ひきざん、けいさん、しき、こたえ、時、分、しかく、まる、さんかく、十のくらい、一のくらい、たて、よこ、たかさ、ふかさ、あつさ、かずのせん

(生活)

☆活動をさせるとともに、友だちのよさの発見、社会生活の発見(学校探検、公園探検)自然の発見を絵や文章に

よって、表現させる。
・活動や体験を通す。
・個性的な気づきを大切にする。
・数えるのではなく意欲を育てて気づかせる。
・気づきを知的な気づきへ。
・「みんなで遊ぶ」「学校探検」「公園巡り」「生き物となかよし」「秋見つけ」「仕事、お手伝い」「冬の遊び」「もうすぐ2年生」

〈図画工作〉

☆リズムを正しく表現したり、音程を正確にする基礎的な能力を歌唱によって身につける。
〈歌〉・CDや範唱、伴奏を聴いて歌うこと。（声の出し方、強弱、速度に気をつけながら）
・歌詞の内容にあった身体表現をしながら歌う。
・きれいな歌声、正しい発音などの歌声に気をつけて歌う。
〈伴奏〉・打楽器に親しむ。（一学期は、カスタネット、二学期から、打楽器全般）伴奏パートを演奏する。
・鍵盤ハーモニカできれいな音を心がけて演奏する。（3音～5音）
〈鑑賞〉・音楽の美しさを感じとる。聴くことの楽しさを味わう。
・身体反応をしながら聴く。（手を振る・足踏みをする・歩く・行進する）
※一年生鑑賞曲・おもちゃのへいたい（イェッセル）
・おもちゃのシンフォニー第一楽章（レオポルト＝モーツアルト）
・おどるこねこ（アンダソン）

・アメリカンパトロール（ミーチャム）

◎音楽でいう身体表現とは・曲の流れを感じとる—手拍子、ひざ打ち、指揮まね、曲に合わせて行進。

・様子を思い浮かべて工夫—登場人物になったつもりで動く。

・楽器の音を捉え、演奏真似をする。

《一年生の子どもに》

① 学校は楽しい、おもしろいと言えるように。元気いっぱい、友だちいっぱい、先生好き、勉強はおもしろい。

② ノートは自分の宝物。ていねいに、心を込めて、プリントはノートに貼る。赤鉛筆、クレヨンを自由に使う。

③ 三つのしつけ「あいさつ」「へんじ」「椅子を入れる・くつをそろえる」

④ 目に見えない心を紹介する。

⑤ 一日に一つは、子どもの心のひだに触れる話をする。

⑥ 「話す・聞くスキル」の名句・名言・名詩で始まる一日に。

⑦ 「自分」が学級の一員としてなくてはならない存在であることを体験・体感させる。

⑧ 一日一回は、発表する。

⑨ 一日十分は机につく習慣をつける。

⑩ 人を傷つけない。

⑪ 困ったことがあったら言える子にする。

⑫ 夢を持ち続ける子に育てる。

⑬ 助け合うやさしい心情を育て、にこにこ顔の持ち主に育てる。

⑭ 話は身体全体で聞く。

⑮ 身の回りの整理整頓。さっぱりの習慣。

⑯ わかる、できる、楽しい授業をする。

⑰ 「はい」「あいさつ言葉」「ありがとう」「ごめんなさい」が言える子に。この言葉が言えると、明るくなる、元気がよくなる。授業中の反応がよくなる。作業が時間内にできるようになる。これを口で唱えていると、基礎学力が身につく。

⑱ 小学校では、言って覚える、唱えて覚えることが非常に多い。九九、平仮名五十音表、階名唱などはその代表である。「みんなで読みましょう」「口をはっきり開けて三回言いましょう」と指示したとき、さっと声が出る子は、17番の四つの言葉が言える子である。

⑲ プリントを配るときは、「どうぞ」「ありがとう」と言わせる。

⑳ 素直な子は、感激を素直に表す教師のもとで育つ。「まあ、素敵」「○○さんが、してくれたのね、うれしいわ」とすぐ、声が出せると子どもも素直になる。給食をこぼして困っている子に、「大丈夫？」と声をかけた時と「なにしょうるんね」と声をかけた時、教師の真似を子どもはする。やさしい子を育てたいなら、迷わず、「大丈夫」。

㉑ 一日一つ、子どもの行動に感動できる柔らかい心をもとう。

㉒ 「あの子のあの仕草」「あの子のあの言葉」、なんてかわいいんだろうと思える心を忘れずにいる。

㉓ ㉒のことを照れずに言おう。

㉔ なわとびができるようになるには、けんぱが一回できればいい。

㉕ さかあがりができるようになるには、お父さんやお母さんに手を持ってもらって、くるっと回せばいい。

㉖ 筆圧をつけるには、粘土遊び、砂遊びをすればいい。

あとがき

四月、全校校内めぐり（一年生から六年生まで各学年一人ずつで構成された縦割りグループで、学校を探検する会）で、私は、六年生教室にやってくる子どもたちを待っていました。

教室に入って、一年生さんが待機している先生に向かって、教室の名前と先生の名前を言います。私は、教室に子どもたちが来たら、笑顔で迎えます。グループ内の六年生さんが一年生さんに小さい声で教えます。「『先生は六年一組の笠井美香先生ですか？』って言うんよ」。一年生の子どもたちは言われた通り、私に「先生は、六年一組のかさいみかせんせいですか？」とたどたどしく言います。すかさず、私は、「違います」と答えます。そして、「私は、美人な笠井美香です」ときっぱり言います。これには、子どもたちも、びっくり仰天。プッと吹き出したり、大声でがはははと笑ったり。「言って、言って。美人な笠井先生って言って！」と一年生さんの背中を押します。「美人な笠井美香先生ですか？」と一年生さんが言うと同時に、私は、

「その通り！　美人な笠井美香です。」

と答えて、校内めぐりカードにシールを貼ります。「『美人』って言わないとシールくれんよ。笠井先生は。」と口コミで伝わり、八番目くらいにやってきたグループの一年生から「美人な笠井先生」とちゃんと言ってくれるようになります。

こんな切り返しができるようになったのは、子どもの対応で悩み、サークルで模擬授業をし、いろいろな先生に

相談し、他県の「やんちゃくん対応の教え方セミナー」を始め、行けるセミナー全てに参加してからです。TOSSのサークルで教えてもらった切り返し、セミナーで教えてもらった心の折れない方法、それを試した時の子どもの反応が今の私を支えています。何より、私が出会ったかわいらしい子どもたちは、私の宝物です。

このような本を書くということができましたのは、向山洋一先生をはじめとするTOSSの先生方、そして、担任した子どもたちや保護者の皆様、一緒に働いていた仲間のおかげにほかなりません。

また、樋口雅子編集長は、なかなか書けない私にいつも的確かつ、やる気の起きる激励をいただいていました。深く、深くお礼を申し上げます。

これを書くにあたって、たくさんの学びをいただくことができました。心の底から深く、感謝申し上げます。

この本を手にとってくださった方のお役に少しでも立てれば、うれしいです。本当にありがとうございます。

令和元年六月十四日

笠井　美香

【著者紹介】

笠井 美香（かさい・みか）

1964年２月10日生。奈良教育大学大学院修士課程教科教育専攻修了。現在、広島県東広島市立龍王小学校勤務。

主な著書に、編著『教室でする集団ゲーム おもしろ百科（楽しいクラスづくり フレッシュ文庫）』（明治図書）、編著『教室のやる気 UP の朝学習：10分問題集 小学３年』（明治図書）、『教師が20代までに身につけておきたいスタートアップスキル「なんで学級経営がうまくいかないのか」を解決』（東京教育技術研究所）他。

連絡先：51mm64kk@gmail.com

GAKUGEI MIRAISHA

先生大好き！
小学１年生に効く“キュートな指導”の法則
～小学１年生の担任になったら読む本～

2019年８月25日 初版発行

著　者　　笠井美香
発行者　　小島直人
発行所　　株式会社 学芸みらい社
〒162-0833 東京都新宿区箪笥町31 箪笥町 SK ビル
電話番号 03-5227-1266
http://www.gakugeimirai.jp/
e-mail : info@gakugeimirai.jp
印刷所・製本所　藤原印刷株式会社
企画　樋口雅子
校正　菅　洋子
装丁デザイン　小沼孝至

落丁・乱丁本は弊社宛てにお送りください。送料弊社負担でお取り替えいたします。

ISBN978-4-909783-14-1 C3037